Atsuko Onodera
小野寺敦子［著］

小学生のことがまるごとわかるキーワード55

小学生ってどんな時期？
どうかかわればいい？

金子書房

はじめに

小学生という時期は，６歳から 12歳までのたった６年間という短い期間です。しかしその間に子どもの身長は平均40cm以上伸び、心理面でも甘えっ子であった子どもが第二次性徴を迎えて大人びていく時期でもあります。まさに人生の中で，小学生の時期ほど心身両面での発達と変化が著しい時期はありません。

ところが本書を手にとってくださった皆様が小学生であった時代と，今の小学生がおかれている状況はかなり違ってきています。かつて学校の勉強についていけない子どもたちは「落ちこぼれ」と呼ばれていましたが，今は「学習障害」（LD）という概念で，落ち着きがなくすぐに友だちと喧嘩になる一部の子どもは「ADHD」の概念で説明されるようになってきました。また親の育て方が悪いから子どもが心を閉ざしているなどと考えられてきた「自閉症」は「自閉スペクトラム症」とされ，育て方ではなく脳の機能障害が原因であることが明らかになってきています。そして親による子どもへの虐待件数は増加し続けており，家庭の養育力の低下が危惧されています。このように発達障害や虐待といった問題は，新たな様々な影響を今の子どもたちや教育現場に与えています。

私は，近年，東京都内の公立小学校での特別支援巡回指導および放課後児童支援員の研修会講師をさせていただいてきました。そうした活動の中で，多くの小学校の先生方，放課後児童支援員の方々，さらには小学生をもつ保護者の方々が，今の小学校の現状に戸惑い，子どもへの対応に苦慮されている現実を知りました。そしてその問題解決に少しでも貢献したいと強く思うようになりました。その手がかりを探しにまず書店に行ってみたのですが，小学生に焦点をあてた心理学の書籍が少ないことがわかりました。ならば私が，これまで大学で発達心理学を教えてきた経験や特別支援巡回指導から学んだ知見を活かし，今の時代の小学生を読み解く本を書きたいと思い，本書を企画するに至りました。

本書は小学生に関する 55 のキーワードを５つの領域に分け，１つのキーワードを見開き２ページでわかりやすく解説している点に特徴があります。最初は「１．理論」です。心理学を代表する学者フロイトやエリクソンが小学生という時期をどのようにとらえているかを解説し，心理学の基礎的理論から小学生について学べるようにしました。「２．心理・対人関係」では小学生の友人関係や親子関係の特徴を解説し，さらに小学生と上手にかかわるコツ・叱り方／褒め方にも言及しています。「３．学習」では2020年度より実施予定の新学習指導要領の一部を解説しています。とくに英語は小学校でも教科として扱われるようになるので重要なキーワードです。また小学生の日々の生活と学校生活については４と５に分けて説明しています。「４．子どもの生活」では小学生の遊びや食生活の現状といった小学生の日常生活について，「５．学校生活」では，発達障害や虐待といった今の子どもに見られる諸問題さらには教育現場でしばしば取り上げられる問題について事例を交えて考察しました。小学生について基礎的理論からしっかりと学びたいという方は「１．理論」から順番に読み進んでいただけたらと思います。しかし興味のあるキーワードから読んでみたいという方であっても，読み進んでいくうちにいつのまにか今どきの小学生のことがわかるようになるはずです。さらに小学生についてもっと専門的に研究してみたい方のために，引用文献をつけてありますので，論文や書籍を読みこなしご自分の研究に役立てていただけたらと思います。

最後に，本書を執筆するきっかけとなった放課後児童支援員研修会を主催した株式会社キッズベースキャンプの代表，島根太郎氏，とくに研修現場でお世話になった三沢敦子さんに深く御礼を申し上げます。また，金子書房の編集部，岩城亮太郎氏には本書の企画から出版に至るまで，いつも的確なアドバイスをいただくとともにあたたかく見守っていただきました。ここに改めて感謝の意を表します。

本書が，教育現場で小学生とかかわっている先生方や放課後児童支援員の方々，将来，小学校の先生を目ざされている学生の皆様，そして今まさに小学生をもっている保護者の方々が，小学生をより深く理解する一助となれば幸いです。

晩秋　**小野寺　敦子**

目　次

3 学習

4 子どもの生活

5 学校生活

1　理　論

1 フロイト理論からみた小学生の心理

◆性の発達段階説

フロイトは，精神分析という分野を初めて築いた人です。小学生を理解する上で押さえておくべきフロイト理論として，人間が生きていくのに不可欠な本能（リビドー）の１つである性の発達段階説があります。その理論では，性は５つの段階を経て発達していくとなっています（表1-1)。

表1-1　性の発達段階説

生後～１歳半	１歳半～３歳	３歳～６歳	６歳～12歳	12歳以降
口唇期	肛門期	男根期 （エディプス期）	潜伏期	性器期

口唇期：母親から母乳を与えられて育つ時期。口や唇を使って吸うという行為を通じて外界に働きかけていきます。

肛門期：子どもは排便を我慢してコントロールすることを学ぶようになります。その過程で，自分の意思で自由にコントロールできる感覚や我慢する力を身につけるようになっていきます。

男根期：性的関心や愛着が異性の親に向けられ，同性の親に対しライバル心や敵意を抱く時期。フロイトは男児が母親に愛情，父親に憎悪を無意識に向けることを，ギリシア神話のエディプス王の話を引用し，エディプスコンプレックスと命名しました。女児の場合はエレクトラコンプレックスといいます。

潜伏期：リビドーが，性器や異性の親への関心から離れて教師や友人といった新たな対象に向けられる時期で，潜伏状態にあります。この時期には，学業や友人関係にエネルギーが注がれ，自我機能の発達が促進されます。

性器期：成人と同じような性愛が成立します。

低学年の子どもたちは，楽しそうに“ウンチ”や“おなら”などの話をよくします。これをフロイト理論に照らし合わせてみると，幼児期まで何の制約もなく許されていた排泄などの願望を肛門期に抑圧せざるを得なくなった結果，潜伏期にかつての願望が汚い話になって出てくるのではないかと考えられます。

1

◆心の構造

フロイトは，人間の心は「エス（イド）」（本能としての衝動），「自我（エゴ）」（現在の自分の意識の部分・衝動的なエスを抑え道徳的な行動をとろうとする超自我との調整役），「超自我（スーパーエゴ）」（道徳心や良心）という３要素より構成されていると考えました。例えば，小学３年のＡ君は，アニメのキャラクターの絵がついた消しゴムをどうしても欲しくて「お金を払って買わなければいけない」（超自我）とわかっていたにもかかわらず，それを欲しいという気持ち（エス）が勝って万引きをしてしまいました。このように，低学年の頃はやってよいことと悪いことの判断（超自我）がアンバランスで，本能としての衝動（エス）の働きが強いといえますが，徐々に超自我（道徳心）を働かせ，自分の願望（エス）を抑えられるようになっていきます。

◆防衛機制

フロイトは，人はできるだけ心を傷つけずに生きていきたいという欲求をもち，そのために自我防衛機制という心の装置を無意識に働かせていると考えました。それは小学生であっても同様です。小学生によくみられる防衛機制の例をあげてみましょう。

抑圧：親や先生から怒られたときの不快感や怒りを無意識の中に押し込める。

昇華：高学年になって徐々に高まってきた性的な欲求を，クラブ活動や委員会活動といった別の価値のある行動に置き換える。

補償：勉強ができないという劣等感や不満があっても，自分はサッカーが上手だと思うことで安心する。

退行：下にきょうだいが生まれたとき，小学１年生なのに幼児のような行動に後戻りする。

同一視：憧れのアイドルと自分とを同一視し，その考え方や行動をまねる。

逃避：テストがあるのに勉強をせず現実から逃避してゲームをする。

反動形成：自分の思っていることと反対のことをする。

投射：自分の思いは友だちも同じだと思い込んでしまう。

合理化：「テストでよい点をとれなかったのは弟が遊ぼうとうるさく言ってくるからだ」など，自分に都合の悪いことに関して別の原因を探し出すことで自分を納得させようとする。

2 エリクソンの心理社会的発達理論

◆心理社会的発達理論

いろいろな場面でよく，「アイデンティティ」という言葉を耳にすることがあるのではないでしょうか。このアイデンティティはエリクソンが提起した概念です。彼は人の一生を８つの発達段階に分け，各段階に遂行しておくべき発達課題を設定し，それが遂行できなかったときの心理的危機についても提起しています（表1-2）。

表1-2　エリクソンの心理社会的発達理論（エリクソン，1977より作成）

段　階	心理的危機	特　徴
乳児期 （０～１歳）	基本的信頼　対　不信	誰か（親）を心から信頼できるという気持ちを持てるようになることが大切な時期。
幼児前期 （１～３歳）	自律性　対　恥と疑惑	自分の意志で排泄や生活をコントロールできることを学ぶ時期。
幼児後期 （３～６歳）	自発性　対　罪悪感	自分で考えて行動することを覚える時期。大人は子どものやろうとする気持ちを大切に育てる必要がある。
児童期 （６～12歳）	勤勉性　対　劣等感	やればできるという体験をして，勤勉に努力することを覚える時期。
青年期 （12～20歳代半ばごろ）	同一性　対　役割混乱	自分はどのような性格なのか，将来どのような生き方をしたいかを模索しながらアイデンティティを確立していく時期。
成人前期 （20歳代後半～30歳代半ばごろ）	親密さ　対　孤独	特定の異性と親密な関係をもつことで相手を尊重し，大切に思う気持ちを育む時期。結婚して家庭を築く人が多い。
成人後期 （30歳代後半～60歳代半ばごろ）	生殖性　対　停滞	次の世代の人々（子ども，孫，生徒など）のために知識・経験・愛情を継承していく時期。
高齢期 （60歳代後半以降）	自我の統合　対　絶望	今までの人生を振り返り，自我の統合をはかる時期。

◆乳児期から青年期までの発達課題

エリクソンは乳児期の発達課題は誰かのことを心から信頼できるという意識をもつことであると述べています。その誰かとは，ほとんどの場合，母親あるいは父親ですが，もしそうした「基本的信頼」を子どもがもてなかった場合，その子どもの心の中には，人間に対する「不信」という意識が芽生えることになってしまいます。例えば，親から虐待された子どもは親のことを信じることができなくなり不信感をもつようになると考えられます。

幼児期は2つに分かれており，幼児前期（1～3歳）の発達課題は「自律」（自分の意志で排泄や生活をコントロールできるようになる），幼児後期（3～6歳）のそれは「自発性」（自分で考えて行動することを学ぶ）です。児童期の課題「勤勉」については，6ページで詳しく解説します。

青年期になると同一性（アイデンティティの形成）が重要な発達課題となります。自分はどのような人間なのか，将来どのようなことをやっていきたいのか，生きている意味は何か，といったことを真剣に考えることで同一性が確立されていきます。つまり同一性とは，過去・現在・未来といった時間の流れの中で，自分は自分であるという一貫した認識をもつことです。

◆成人期以降の発達課題

成人期は，非常に長い時期であることから，エリクソンは成人前期と後期に分けて提起しています。成人前期の発達課題は「親密さ」です。特定の異性と親密な関係をもち相手を思う気持ちを育んでいくことが課題となります。例えば異性と真剣交際をして結婚に至るまでの過程です。そして家庭を築く中で，子どもの親になり子育てをしていくわけですが，その成人後期の発達課題が「生殖性」です。近年，「生殖性」をジェネラティヴィティ（generativity）と表記する場合も多くみられるようになってきました。エリクソンはジェネラティヴィティとは，子孫を生み出すこと，生産性，創造性という3つの概念を包含する考え方であると説明しています。しかし全ての人が子どもをもつわけではありません。親にならなくても，生徒を指導する，部下の指導をすることもジェネラティヴィティの概念には含まれます。8段階の最後の発達課題は「自我の統合」です。この段階は，それまでの人生の統合をはかる時期であり，他者とは異なる自分にしかない人生をしっかりと受け入れ納得できるようになることであるとエリクソンは指摘しています。

3 小学生の発達課題「勤勉性」対「劣等感」

◆勤勉とは何か

エリクソンは，人間の心理社会的発達に焦点をあて，各発達段階で達成すべき課題を提起しました（４ページの表1-2)。小学生の時期にあたる児童期の発達課題は「勤勉性」対「劣等感」です。エリクソンは，小学生の時期に「勤勉性」という発達課題をしっかりと達成できないと劣等感の強い大人になってしまう可能性を示唆しています。では「勤勉性」とはどのような課題なのかエリクソンの著作『幼児期と社会』(1977) からみてみましょう。

「(児童は)、自分の家族という胎内には、実行可能な将来はないという事実を決定的なものとして経験しており、したがって、ある一定の技能や仕事——それらは自分の器官様式をただ遊び半分に表現したり、自分の手足を動かすことを楽しむというような生易しいものではない——に進んで身を入れようとするようになる。彼は勤勉の観念を発達させるのである。すなわち、道具の世界の無機的法則に順応しようとするのである。彼は生産的な事態における熱心な一つの単位になることができる。(中略) 恐らくもっとも多くのことを学ぶのは年上の子どもたちからである。」(下線は筆者)

そもそも「勤勉性」とは，仕事や勉強などに一生懸命に励むという意味です。しかしエリクソンによれば，それだけではなく小学校になると家庭から離れて社会に出て行くのに必要な技能や仕事を身につける必要があり，そうしたことに一生懸命に関わる過程を「勤勉性」と命名しているのです。また勉強によって知識を増やすだけではなく，手や道具を使った仕事に専心することの大切さを説いている点に注目すべきだと思います。

◆劣等感とは

一方,「勤勉性」の対立概念は「劣等感」です。エリクソンは劣等感について上記の本の中で次のように説明しています。

「この段階において子どもが経験する危険は、自分を不適格であると感じたり、劣等感を抱いたりすることにある。もし彼が道具や技術に関する自分の能力に絶望したり、同じような道具を使う仲間たちの間における自分の地位に望みを失うと、彼はその仲間や道具の世界の一区分と同一化することさえ断念するかもしれない。（中略）子どもは、道具の世界における必要な自分の知識や技術に絶望し、また自分の身体的構造の能力に望みを失って、自分は結局凡庸に生れついているのだ、或は不適格な人間なのだと考えるようになる。」（下線は筆者）

親や先生は，技能習得や勉学に一生懸命取り組む子どもに対して「不器用だね」「本当に頭が悪いね」と何気なく言ってしまうことがあります。すると子どもは「大人が言うのだから，自分は人よりも劣っている」と劣等感を抱くようになってしまうのです。もちろん子どもは自分の長所だけではなく，短所も理解できるようになる必要はありますが，人格的否定を伴う叱責で短所を自覚させるべきではありません。小学生の時期に「勤勉性」を獲得させるためにも，子どもに自信をつけさせる指導が大切になります。また，とかくまじめに勉強している子どもほどよい子どもであると親や教師は思いがちです。しかし手や道具を使う作業（例：家の手伝い）を積極的にさせることも，子どもの発達にとって重要であることを再認識しておく必要があります。

◆「勤勉性」を測定する尺度

中西・佐方（2001）は，「勤勉性」が達成できているかどうかを測定する心理尺度として，ローゼンタールらの Erikson Psychological Stage Inventory（EPSI）の７項目を翻訳しています（表1-3）。

表1-3　児童期の発達課題「勤勉性」の項目
（中西信男・佐方哲彦（2001）．EPSI――エリクソン心理社会段階目録検査
上里一朗（監修）　心理アセスメントハンドブック第２版　西村書店　pp.365-376 より作成）

1. 私は，いっしょうけんめいに仕事や勉強をする
2. 私は，自分が役に立つ人間であると思う
3. 私は，目的を達成しようとがんばっている
4. 私は，自分の仕事をうまくこなすことができる
5. 私は，物事を完成させるのが苦手である（逆転項目*）
6. 私は，のらりくらりしながら多くの時間をむだにしている（逆転項目*）
7. 私は，頭を使ったり，技術のいる事柄はあまり得意ではない（逆転項目*）

＊逆転項目：正しく測定するために，あえて反対の内容を入れたもの。

4　ピアジェ理論からみた小学生の思考の発達

◆思考の発達過程

スイスの心理学者ピアジェは，子どもの思考能力の発達過程を理論化し，今日の発達心理学の発展に多大なる影響を与えました。ピアジェは知的能力が表1-4のように発達していくと述べています。

表1-4　ピアジェによる思考能力の発達過程

第１段階 感覚運動期	第２段階 前操作期	第３段階 具体的操作期	第４段階 形式的操作期
0～2歳 乳児	2～7歳 幼児	7～12歳 小学生	12歳～ 中学生以降
•原始反射を使って外界に働きかけをする	•自己中心性 •アニミズム •物の保存概念は確立されていない	•物の保存概念が確立し論理的に思考できるようになる	•抽象的思考ができるようになる •仮説を立てられる

第１段階は**感覚運動期**です。乳児は自分がもつ原始反射を使って外界に働きかけをしますが，それをピアジェは「シェマ」という言葉で説明しています。シェマとは，外界に関する基本的な認知の枠組みのことで，シェマによって情報を取り入れ「同化」していくのです。既存のシェマでは対応しきれない新しい出来事に直面した場合に，シェマを修正し変化させることを「調節」と言います。

第２段階は**前操作期**です。幼児期の特徴として自己中心性，アニミズム，物の保存の概念があります。

自己中心性：「自分中心でわがままである」という意味ではなく，自分の立場から見た関係性ならば理解できるが，他者・他方からの見方を理解することができないという意味です。ピアジェはこの特徴を「３つの山課題」（図1-1）で説明しています。幼児は自分が正面から見たときの絵（A）はすぐ選べましたが，左側（B），後ろ側（C），右側（D）など角度の違う方向からその山の正しい見え方の絵を探すのが難しいとピアジェは述べています。

このように幼児は他の立場を推測する能力が確立できておらずそれを自己中心性と表現したのです。

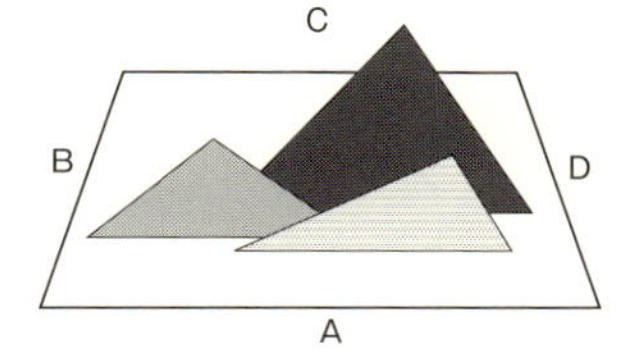

図1-1　3つの山課題
（Piaget & Inhelder, 1967より作成）

アニミズム：幼児はイメージによって物事を判断したり感じとり，例えば丸い太陽に顔を描いたり，「ブーブーブー」と音を発しながらミニカーを走らせたりします。このように，無生物にも生命があるようにとらえる幼児の特徴をアニミズムと呼びます。

物の保存の概念：幼児は事実よりも見た目に惑わされて物事を判断する傾向が強く，論理的に物事を考えることはまだ難しいと考えられます。粘土で5つのだんごを作り，5cmずつ離して等間隔に置いた場合と，1cmずつ離して並べた場合，「どちらのだんごの方が多いか？」と尋ねると，この時期の子どもは見た目で判断し，「同じ」とはなかなか答えることができません。このことから物の保存の概念が確立していないと考えられます（図1-2）。

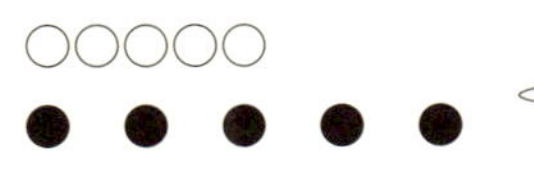

幼児は，列の長さや色に惑わされて，数の大小を判断する。
小学生は列の長さや色に惑わされずに，同じ数だと判断できる。

図1-2　黒と白，どっちの粘土だんごの方が多い？

◆小学生の思考の特徴

小学生になると，自己中心性，アニミズム，物の保存の概念はどのような変化をみせるのでしょうか。この頃には物の保存の概念が確立し，見た目ではなく論理的に物事を考えられるようになってきます。ピアジェは，この小学生の時期にあたる第3段階を**具体的操作期**と命名しています。小学3～4年生に図1-2を見せ「どっちが多い？」と質問したら，「先生はなんてばかげた質問をしてくるのだろう」と思われるかもしれません。さらに自己中心性やアニミズムの特徴も徐々に減退し，科学的に冷静に判断できるようになってきます。また，カテゴリーに分けて物を弁別することも可能になってきます。例えば犬には秋田犬・ブルドック・テリアなどの種類があることもすぐに答えられます。

小学高学年から中学生になると第4段階の**形式的操作期**に入ります。抽象的な概念でも仮説を立てて系統的に思考できるようになってきます。大人と同じような思考体系が確立されてくるのはこの時期以降です。

5 マズローの欲求５段階説

◆欲求の 5段階説とは何か

人は生きていくうえで○○が欲しい，○○になりたいといった様々な欲求をもっていますが，その欲求には段階があることを提起したのがマズローです。彼によれば，欲求は図1-3 に示すような５段階のピラミッド構成になっており，最も低い段階の欲求が充たされた後に次の段階の欲求を欲するようになるとしています 。

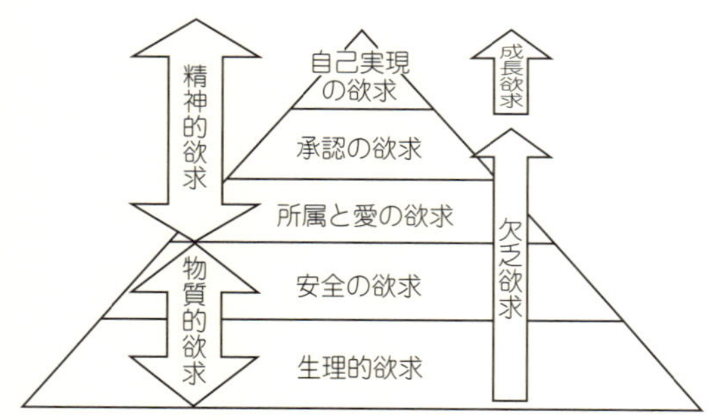

図1-3　マズローの欲求５段階

物質的欲求：生きていくのに不可欠な生理的欲求・安全の欲求

第１段階は「生理的欲求」です。この欲求は生きていくための基本的で本能的な欲求（食べたい，飲みたい，寝たいなど）です。まず，人はお腹が空いた，のどが渇いた，眠たいといった本能的な欲求を満たさないと生きてはいけないわけです。

第２段階は「安全の欲求」です。危険や危機を回避し，安全で安心な暮らしをしたい（雨風をしのぐ家・健康・経済的安定など）という欲求が含まれます。第１段階の生きていくうえで欠かせない生理的欲求を満たせたとき，人はその状況を継続させ安定させようとします。仕事をしてお金を稼ぎ，そのお金で健康を維持し安心して暮らせる場所を確保しようとします。

精神的欲求：誰かと一緒にいたい・誰かに愛されたい・尊敬されたい・目標としている自分になりたいという欲求

第３段階は「所属と愛の欲求（帰属欲求）」です。友だちが欲しい，集団に属したい・同じ考えをもった仲間が欲しいという欲求です。この欲求が満たされないと孤独感や不安感が強くなります。

第４段階は「承認の欲求」です。他者から認められたい，尊敬されたいという欲求です。何かしらの組織や集団に属した場合「自分が，その集団から“価値ある存在”」と認められ，尊敬されたいという欲求をもつようになります。

最後の段階が「自己実現の欲求」です。自分の能力を引き出し自分のやりたいことを実現させていきたいという欲求です。

「生理的欲求」から「承認の欲求」までの４段階は「欠乏欲求」とも言われ，人はこれらの欲求が満たされていないときに不安や緊張を感じます。そして一番上の「自己実現の欲求」は「成長欲求」とも呼ばれ，この自己実現によって生きがいを感じ，幸福感を抱きながら生活をすることができるわけです。

◆小学生の子どもにマズロー理論をあてはめてみる

子どもにとって何よりも大切になるのは，やはりご飯を食べて，しっかりと睡眠をとるという生理的欲求が満たされることです。さらに安全がしっかりと確保できている家庭環境で生活していることが重要です。それがなければ学校の友だちと楽しく遊ぶこと，学校でしっかりと勉学に励むこと（第３段階の欲求）に到達できませんし，自ら何かをやって人から認められたい，夢に向かって自己実現をしていこうとは思うようにはならないわけです。そう考えると，まずは，親は子どもにしっかりとご飯を作って食べさせたり，安心な暮らしを提供したりすることを心がけることが必要になります。

「平成25年度 小学生・中学生の意識に関する調査報告書」（内閣府，2014）で，小学生が将来つきたい職業ランキングが記載されています。男子は，第１位：スポーツ選手，第２位：医者・歯科医・薬剤師，第３位：警察官・消防士・自衛官，第４位：コンピュータ関係，第５位：大学教授・科学者となっています。女子は第１位：パン屋・ケーキ屋・花屋，第２位：幼稚園・保育園の先生，第３位：看護師・介護福祉士，第４位：歌手・ミュージシャン・俳優・タレント・バンド・芸人・ダンサー，第５位：画家・デザイナー・写真家となっていました。男女でつきたい職業は異なりますが，親・先生・周囲の大人たちは，子どもの欲求を満たし自己実現をしていけるように応援していくことが大切です。

6 遺伝 対 環境

◆発達は遺伝で決まる

子どもに強く現れる遺伝子を優性遺伝子，隠れてしまった遺伝子を劣性遺伝子といいます。例えば，巻き毛・二重瞼は優性で直毛・一重瞼は劣性，暑い唇や色黒は優性で薄い唇や色白は劣性，さらにはそばかすがある・えくぼができるは優性でそばかすがない・えくぼができないが劣性と考えられています。そして人間は２万数千種の遺伝子をもっており，子どもは両親から半分ずつ，ランダムに遺伝子を受け継いで生まれてきます。したがってきょうだいでも，どういう組み合わせの遺伝子を受け取るかによって性格や能力は異なっているのです。このように，子どもは親とは全く異なる素質をもって生まれてくるのに，「頭の悪いのは親譲りだ」とか「親の私ができるんだからあなたにだってできるはず」と言ってしまいがちです。これは実は子どもにとっては迷惑な話です。

◆ゲゼルによる成熟説

長らく心理学では，遺伝と環境のどちらの要因が人間の発達には強い影響を与えているかが問題になってきました。1940年頃では，人間の発達は全て遺伝によって決まっているという成熟説が支持され，その代表的研究がアメリカの心理学者ゲゼルによる双生児の階段登り実験です。生後46週目の双生児の一方にだけ階段登りの練習を６週間させ，もう１人の子どもにはその６週間は何も練習させませんでしたが，７，８週間目に２週間だけ練習をさせました。その結果，３分の１しか練習しなかった後者の子どもの方が早く階段を登れるようになっていたのです。つまり６週間の間に運動機能などが成熟した結果，早く登れるようになったとゲゼルは説明し，早い時期からの学習の効果は成熟には及ばないと結論づけています。

行動遺伝学の分野から双生児研究を行ってきている安藤（2011）は，生まれもった遺伝子が全く同じ一卵性双生児を調べると，学力や運動能力，絵画や音楽の才能はもちろん，性格や嗜好，収入などの社会的なポジションまで，個人差があるところには必ず，環境だけで説明できない遺伝の影響があると指摘しています。

◆発達は環境で決まる──ワトソンによる環境説

上記のゲゼルの成熟説に意義を唱えたのが行動主義心理学者のワトソンです。彼は，人の発達は各自が置かれている環境によって異なるとする環境説（学習説・経験説）を主張しました。「私に１ダースの健康で肢体の完全なる乳児と私が望む育児環境を与えてくれさえすれば，医師・法律家・芸術家……あなたの望みどおりの職業につけるように育ててみせます」という言葉は有名です。つまり，もって生まれた遺伝的な要因で人の発達は決まるのではなく，環境こそが発達を決める重要な要因であるというわけです。また，ワトソンは「アルバート坊やの条件づけ実験」を行っています。最初，ウサギを怖がっていなかった９カ月のアルバート君に，ウサギを見せるたびに「ガシャーン」という大きな音を鳴らす，という操作を繰り返し行うと，アルバート君はウサギを見ただけで怖がって泣き出し逃げ出してしまうようになったという実験です。恐怖心などの意識はその置かれた環境の中で学習してしまうとワトソンは考えたのです。

◆遺伝と環境が共に影響を与えている

ここまで，人の発達は遺伝と環境のどちらによって決まるのかという問いに対し，それぞれの主張を述べましたが，現在ではどちらか一方で決まるというのではなく，相互に影響を与え合って発達をしていくという相互作用説が一般的になっています。その説の１つにアメリカの心理学者ジェンセンの環境閾値説があります (図1-4)。この図を見ると，身長は環境よりも遺伝によって決まってくることが多く，音感は遺伝よりも環境からの影響を強く受けていることになります。しかし学業成績は遺伝的影響のみならず環境的影響も同様に受けていることがわかります。たとえもって生まれた知的能力が高かったとしても環境的に整っていなかった場合は，成績がよくならないこともあるわけです。

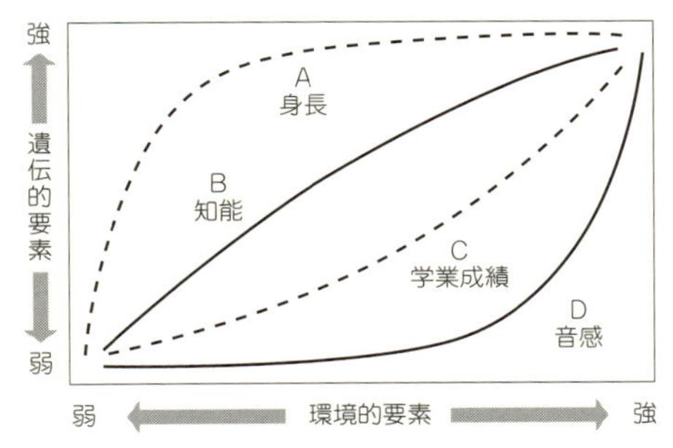

図1-4　ジェンセンの環境閾値説（小野寺，2009a）

7　愛　着

◆愛着研究の先駆者たち

親と子の愛着は親子関係の基礎を築く大切なものです。愛着とはどのようなものかを愛着研究の流れにそって考えてみたいと思います。

まずシアーズは，濡れたおむつを替えてくれるといった生理的不快感の軽減（１次的動因）を母親がしてくれることが契機となって，母親の愛情を欲しいと思うようになることが愛着を形成すると考え，二次的動因説を唱えました。

一方，シアーズの見解に対して異議を唱えたのはハーロウとローレンツです。ハーロウは，乳児が母親に抱かれたときの快い身体的接触（スキンシップ）が，母親への愛着を導くと考えました。彼は，檻の中にいつでもミルクが出るようにした針金で巻かれた木製の赤毛ザルの人形と，ミルクは出ないビロードの布で覆われた人形を設置しました。すると子ザルはお腹がすいたときだけ針金の人形の方に行ったものの，それ以外のときは布製の人形にしがみついていました。もし，シアーズの唱えたとおり生理的不快感の軽減が母親への愛着を導くとするならば，子ザルは針金の人形にしがみついていたでしょうが，布製の人形を好んでいたことから，ぬくもり（接触の快）が親子の愛情を育むとハーロウは考えたわけです。

次にローレンツは，動物を観察する中からインプリンティング（刻印づけ・刷り込み）という現象を発見しました。これはアヒルやカモなどは，孵化してすぐに開眼し24時間以内に見た動くもの（多くの場合，親鳥）の後を追う習性が刷り込まれる現象（刻印づけ，刷り込み）があるとするものです。彼は，この現象を人間にも当てはめ，動物には親であることが刷り込まれる敏感期があり，その敏感期の間に親子の愛着も築かれると考えました。

◆ボウルビィの愛着理論

1960年代に入ると，イギリス人の小児科医ボウルビィが愛着を理論的に体系づけました。愛着は「人が生まれてから数か月の間に特定の人（母親や父親）

との間に結ぶ情愛的な絆」と定義しています。ボウルビィは，親子の間で愛着が形成されるには，両者間の応答性が重要であるとしています。例えば乳児が不快なことがあって泣き出したとしましょう。その乳児に対し母親がどのような態度を示すかによって次の乳児の反応も変わってきます。もし，乳児に「泣いてばかりでうるさいな」という否定的な応答性を母親が示したならば，乳児もネガティブな応答性を示すことになります。それに対し「あ，お腹がすいちゃったんだね。今，ミルクを作るからね」というような肯定的な応答性を母親が示した場合は，乳児はニコニコと母親に対しよい応答性を示すことになります。こうしたよい応答性が親子の愛着を形成するというわけです。

ボウルビィの理論を受けてエインズワースは，1978年に各個人の愛着の質を測定するストレンジシチュエーション法を開発しました。この方法は８つの場面で構成されており，母親との分離や再会場面，見知らぬ人とのやりとりを通じて，１歳児の子どもを３つの愛着タイプに分類するものです。３つの愛着タイプとは，①回避型（母親がいなくなっても泣かないで，母親が戻ってきても歓迎もせず，むしろ母親を回避するような行動をとる），②安定型（母親がいると活発な探索行動をとる。母親がいなくなると泣き出し，探索行動は減少する。しかし母親が戻ってくると嬉しそうにして，また探索行動を活発に始める），③アンビバレント型（不安傾向が強く母親の陰に隠れてくっついていることが多い。母子分離場面では激しく泣き出し，再会時には母親がいなくなってしまったことへの怒りを向け反抗的態度を示す。極端に母親にべったりしていたかと思うと，拒否的な態度を示すといった一貫性のない行動を示す）です。

◆愛着研究の発展

1980年代に入ると，ボウルビィ理論やエインズワースのストレンジシチュエーションは，様々な研究テーマとなって発展していくことになりました。例えば，幼い頃の親との愛着関係が成人してからの対人関係の基礎を築くとした内的作業モデル（Internal Working Model：IWM）の研究，ストレンジシチュエーションによる３つの愛着のタイプに加えて，虐待を受けて育った子どもの愛着研究（Dタイプ研究，105ページ参照），そしてアメリカの心理学者ラムによる父子間での愛着研究などです。IWM研究では，メインとゴールドウィンが成人後に自分と親との幼少期からの関わりを語ってもらい愛着を検討する成人愛着面接法（Adult Attachment Interview：AAI）を開発し、それは現在でも臨床場面で活用されています。

8 性　格

◆性格とは何か

性格とは，英語ではcharacter（キャラクター）といいますが，ギリシア語の『刻み込まれたもの』がその言葉の起源です。また性格と似た概念に人格（パーソナリティ：personality）があります。両者はほぼ同義に使われることもありますがニュアンスが少し違っています。性格は個人に一貫してみられる比較的安定したその人の特徴であると考えられますが，人格は，その人の知能や日常の態度や関心などが含まれるより広義の概念だと考えられます。「あの人はいい性格だ」と表現しますが「あの人はいい人格だ」とはいいません。

性格に関する多数の理論は，類型論と特性論に大別できます。

◆類型論

類型論は多様な性格をいくつかのパターンに分類する立場をとっており，その代表的な理論には，体格と性格を結びつけたドイツの医師クレッチマーの理論があります。それによると統合失調症の患者さんには細身の人が多く，「まじめ」「変わり者」「こだわりが強い」といった性格特性が，躁鬱病の患者さんには肥満の人が多く「陽気」「社交的」といった性格特性があげられています。また，てんかんの患者さんには，筋肉の発達した闘士型の体型の人が多く，「几帳面」「執念深い」といった性格特性があげられています。

またフロイトとならび精神分析家として有名なスイス人のユングは，心的エネルギー（リビドー）が外に向かいやすい人を外向型，内に向かいやすい人を内向型に分類しています。そして外向型の性格の人は，社交的で誰とでも気軽に友だちになれるが，環境の影響を受けやすく考え方が独創性に欠ける。その一方で内向型の性格の人は，内気・恥ずかしがり屋ではあるが思慮深く，勤勉でまじめであると述べています。

◆特性論

性格を分類するもう１つの考え方が特性論です。特性論は人格を構成する基本的要素を分析的手法で明らかにし，それぞれの要素の組み合わせで性格を理解しようとする考え方です。有名な理論家としてオルポート，キャッテル，ギルフォード，アイゼンクがいますが，近年ではゴールドバーグによるビッグ・ファイブもしばしばとりあげられています。

特性論者の一人であるギルフォードは因子分析法を用いて知能の研究を行った心理学者で，ギルフォード性格検査も作成しています。それをもとに矢田部らが日本版として作成したのがYG（矢田部・ギルフォード）性格検査で，日本で広く使用されています。この性格検査法は，①社会的外向，②思考的外向，③抑鬱性，④回帰性傾向，⑤のんきさ，⑥神経質，⑦攻撃性などの12の特性を測定する尺度によって構成されています。

ビッグファイブでは，外向性因子，情緒不安定・神経症傾向因子，誠実性因子，調和性・協調性因子，開放性因子という５つの基本的な性格特性を測ることができます。ゴスリングら（2003）は，これら５特性を10項目で測定するTen Item Personality Inventory（TIPI）を作成し，小塩ら（2012）によって短縮版が翻訳されています。

また，村上（2017）は，30項目より構成された小学生用主要５因子性格検査（ビッグファイブ）を作成し，各５因子の特性を明らかにしています（表1-5）。

表1-5　小学生用ビッグファイブの５要因（村上，2010より作成）

外向性（E）	外向的で，多くの人とよい関係をつくるのは得意だが，気にいらないことがあると，攻撃的になるのでその関係は浅くなりがちである。
協調性（A）	誰にでも親切で温かく，同情的で，人助けのためならやっかいなことにも取り組み，ほかの人が決めたことでも，協力を惜しまない。
良識性（C）	何事にも精力的，徹底的に取り組み，細かく計画を立てる。また，責任感があり，勤勉で，注意深く，与えられた仕事はすばやく正確にやり遂げようとする。
情緒安定性（N）	穏やかで落ちついており，情緒的に安定している。悩みや心配事がなく，理性的で，自信にあふれていて，他人をしっとしたり，ねたんだりすることはない。
知的好奇心（O）	好奇心が強く，いろいろな事を知っている。また，物事を冷静に受け止め，分析的に考え，何事にも落ちついて対処することができる。

9 小学生と心の理論

◆心の理論とは何か

私たちは，人と関わるときに「こんなことを言ったら相手がどんな気持ちがするだろうか」といったことを知らず知らずのうちに考えながら生活しています。この相手の気持ちを感じたり読み取ることを「心の理論」と呼んでいます。アメリカの動物心理学者プレマックは，チンパンジーなどの霊長類が，仲間に食物を分け与えたり欺いたり仲間の心の状態を推測しているような行動をとることに注目し心の理論を着想しました。この着想からペルナーは，誤信念課題を開発し，３歳から７歳までの子どもたちに心の理論が成立しているかどうかを研究しました。その結果，誤信念課題は，３歳まではほとんど理解できませんが，４～６歳の間に理解できるようになるとされています。その後，誤信念課題をわかりやすくし，自閉症児の臨床研究に用いたのがバロン-コーヘンら（Baron-Cohen et. al., 1985）の「サリー・アン課題」です。

◆一次誤信念課題――サリー・アン課題

「サリーが出かけている間に，アンが来てサリーがバスケットにしまっておいたチョコレートをおもちゃ箱の中に移してしまいました。外から戻ってきたサリーはチョコレートを食べたいと思ったのですが，どこを探すでしょうか」

サリーはチョコレートがバスケットからおもちゃ箱に移されていることを知らないので，「バスケットを探す」が正解で，サリーが現実（チョコレートはおもちゃ箱にある）とは異なる誤信念（チョコレートはバスケットの中にある）をもっていることがわかれば正しく答えることができます。ところが自閉スペクトラム症の子どもがこの課題を行った場合，知的な遅れがないのに正答できない場合があるのです。これは自閉スペクトラム症の子どもが心の理論の獲得に問題があることを示しています。ところが自閉スペクトラム症児の中にはこの一次誤信念課題を通過できる子どもたちの一群がいることをバーロン - コーヘンは指摘しました。そしてこうした子どもたちが小学生の時期に再度，誤信念課題を通過できるか否かを研究することになったのです。

1

◆二次誤信念課題――ジョンとメアリーの「アイスクリーム屋」課題

「ジョンとメアリーが公園で遊んでいたら，アイスクリーム屋さんがいました。メアリーはアイスクリームを食べたいと思いましたが，お金がありません。アイスクリーム屋さんは，メアリーに『家に戻ってお金をとってくるといいよ。ずっとこの公園にいるから』と言いました。そこでメアリーは家に戻りました。その場に残っていたジョンは『今度は，駅前で売ることにしよう』というアイスクリーム屋さんのつぶやきを聞いていました。アイスクリーム屋さんは移動中に，メアリーの家の前を通ったとき，メアリーに会いました。メアリーが『どこに行くの？』と聞いたので，アイスクリーム屋さんは『駅前に行くところ』と言いました。その後ジョンはアイスクリーム屋さんの行き先をメアリーに教えてあげようと，メアリーの家に行きました。するとメアリーのお母さんから『メアリーはアイスクリームを買いに行ったわ』と言われました。では，ジョンはメアリーを探しにどこに行ったでしょうか？」

この問題では，「ジョンは，メアリーがアイスクリーム屋さんは公園にいると思い込んでいることを理解できる」かが問われています。理解できている子どもは「駅前」ではなく，「公園」とすぐに答えることができます。そしてこの問題を日本の小学生に実施した藤野（2013）の研究では，小学校２年生において，健常児群の正答率は46％でしたが，自閉スペクトラム症児は９％と顕著に低くなる傾向が認められました。

ペルナーとウィマー（Perner & Wimmer, 1985）は，一次誤信念課題を通過できた自閉スペクトラム症児であっても，同年齢の健常児が通過できるより高次の誤信念課題は通過できないのではないかという予測を「アイスクリーム屋課題」によって検証しています。この課題は，二次誤信念課題と呼ばれており，健常児では６～９歳にかけて通過できるようになると報告されています。また，バーロン-コーヘンらの研究では，「サリー・アン課題」の一次誤信念課題を通過した子どもが被験者として選ばれましたが，自閉スペクトラム症児群の通過率は０％でした。この結果から彼らは，自閉スペクトラム症児は「心の理論」の獲得に特異的な遅れをもつと結論づけています。

10 エゴ・レジリエンス

◆エゴ・レジリエンスとは何か

エゴ・レジリエンス（ego-resilience，以下ER）とはブロックが1980年に提起した概念です。ブロックはERとは「ストレス状況に直面した場合，ある時には自己をオーバーコントロール（自己抑制）の方向に調整し，またある時にはアンダーコントロール（自己解放）の方向に調整して自己のバランスをとり適応状態へと向かう自我の調整能力である」と定義しています。まさにストレスフルな状況の中で生活している私たちに求められる力です。例えばERの高い小学生ならば，試験が近づくと見たいテレビやゲームを我慢（自己抑制）して勉強をがんばりますが試験が終わったら，即，好きなだけゲームをしたり友

表1-6　エゴ・レジリエンスチェックテスト（小野寺，2015）

下記の項目は，あなたにどの程度当てはまっていますか？　その程度を示す番号に☑を入れてください。そしてその程度を示す得点をたして合計得点を出してください。

		4 非常にあてはまる	3 かなりあてはまる	2 あまりあてはまらない	1 全くあてはまらない
1	私は友人に対して寛大である				
2	私はショックを受けることがあってもすぐに立ち直るほうだ				
3	私は慣れていないことにも，楽しみながら取り組むことができる				
4	私はたいてい人に好印象を与えることができる				
5	私は今まで食べたことがない食べ物を試すことが好きだ				
6	私は人からとてもエネルギッシュな人間だと思われている				
7	私はよく知っている所に行くにも違う道を通って行くのが好きだ				
8	私は人よりも好奇心が強いと思う				
9	私の周りには感じのよい人が多い				
10	私は何かする時，アイディアがたくさん浮かぶほうだ				
11	私は新しいことをするのが好きだ				
12	私は日々の生活の中で面白いと感じることが多い				
13	私は「打たれ強い性格」だと思う				
14	私は誰かに腹を立てても，すぐに機嫌が直る				

あなたの合計得点（　　　　）点

20点以下　超低めER　　21点～26点　ちょっと低めER　　27点～36点　まあまあER
37点～46点　かなり高めER　　47点～56点　超高めER

だちと遊びに行き（自己解放），次の課題に取り組むために上手に気分転換をします。つまりERの高い人は，上手に自我をコントロールしてストレスを乗り越え気持ちの切り替えができるために，精神的健康度が高く何事にも前向きに自信をもって行動し心理的適応能力が高くなります。

表1-6のER項目はブロックとクレメン（Block & Kremen, 1996）が作成したテストの日本語版で，ERは「柔軟性」「好奇心」「立ち直り力」の3要素から構成されていると考えられています。あなたのERの高さはいかがでしたか。

◆小学生のERを高める方法

子どもであってもストレスが高い今日，いかにストレスと上手に関わり前向きに生きていくかは大きな課題です。そこで小学生のERを高める方法について考えてみましょう。

①子どもの好奇心を刺激する

小学生はすぐ「なんで？」ときいてきます。しかし大人は「今，忙しいからあとでね」と言ってその疑問にすぐに答えようとしないことが多くあります。子どもの好奇心の芽を摘まないように，できるだけ子どもの「なぜ？」を一緒に考えてあげることがERを高めることにつながります。

②心の柔軟性を養う

柔軟なものの考え方は人間関係を円滑にし，困ったときの解決案を増やしてくれます。柔軟性に欠けた人は「絶対○○しないとダメだ」「○○すべきだ」という表現が口癖になっています。小学生のうちから，1つだけではなくいくつもの解決案や方略を発想できるような心の柔軟性を養いましょう。

③たくさん体を使った遊びをさせる

嫌なことに立ち向かえる力は，子どもの「遊び」の中からも生まれてきます。たくさん外で体を使った遊びをさせましょう。

④子どもを褒める

母親から褒められると子どもは「やった！　ママに褒められた」と思います。この親から褒められるという経験は，子どもに自信をもたせ，嫌なことがあったときに立ち直る力，ERを高めていきます。

⑤親や指導者自身がエゴ・レジリエンスを高める

子どもは大人の言動をとてもよく観察しており，それを無意識のうちにまねています。ですから，まず親や指導者が柔軟さと好奇心を身につけ，嫌なことがあっても立ち直るERを高め，それを子どもに示すことが大切です。

2　心理・対人関係

11 自尊感情

◆自分が嫌いな日本の子ども

2014年に文部科学省が実施した「睡眠を中心とした生活習慣と子供の自立等との関係性に関する調査」の「自分にはよいところがある」という設問に，小学５，６年生27.7％，中学生17.9％，高校生16.0％が「そう思う」と回答しています（文部科学省，2015a）。これは自分に良いところがあると考える傾向が学年が上がるにつれて下がることを示しています。また「自分のことが好きである」への回答は，「どちらかと言えばそう思わない」と「そう思わない」を合わせると，小学生47.8％，中学生60.2％，高校生60.7％になり，日本の子どもたちは自分のことをあまり好きではないと思っていることになります。韓国・中国・米国・日本の４か国の高校生に「私は価値のある人間だと思う」か尋ねた調査報告（日本青少年研究所，2011，図2-1）でも，「全くそうだ」「まあそうだ」を合わせた回答は米国89.1％，中国87.7％，韓国75.1％に対して日本は 36.1％と著しく低くなっています。つまり，海外と比較して日本の子どもたちは自己肯定感が著しく低いといえます。

◆自尊感情とは何か

自尊感情の尺度を作成したローゼンバーグは，自尊感情を「『非常によい（very

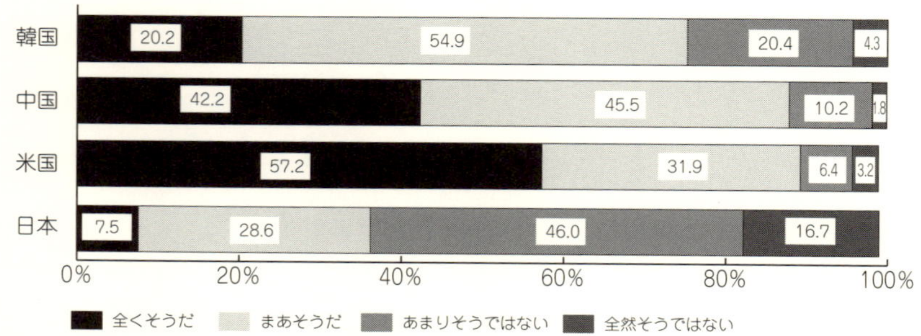

図2-1 「自分は価値のある人間だと思う」に対する４か国比較（日本青少年研究所，2011）

good）自分』ではなく，『これでよい（good enough）自分』と『自己への尊重』である」と定義しています。完璧な自分でなくても，自分の弱点や未熟さを自覚しながら，それでも自分を大切に思い，今の自分が好きと思えることが自尊感情です。ローゼンバーグの自尊感情測定尺度の中に「少なくとも人並みには価値のある人間である」「自分に対して肯定的である」「自分には自慢できるところがあまりない」（反転項目）などの項目があり，自己肯定感も自尊感情に含まれています。この尺度項目と先述の文部科学省の調査結果を照らし合わせてみると，日本人の子どもは自尊感情がかなり低いことがわかります。ローゼンバーグの尺度は成人用ですが最近，小学生の自尊感情尺度も作成されています（表2-1）。

◆自尊感情の育て方

自尊感情が低いまま大人になると，例えば仕事でミスをした場合，「自分はなんてだめな人間なんだ」と自己嫌悪に陥ったり，悲観的になったりします。それがきっかけでうつ傾向になる人もいます。そうならないためには，小学生の頃に自尊感情を高めておくことが大切です。横山（2010）は，子どもの自尊感情と生活体験との関連について研究し，自尊感情が低い子どもは生活経験や遊び体験が乏しいことを明らかにしています。子どもの頃より，家の手伝いや体を動かし遊ぶ体験が自尊感情を高めるのに有効になります。

表2-1　子どもの自尊感情測定尺度（東京都教育委員会，2011 より作成）

領域	項目
A 自己評価・自己受容（8項目）	1　私は今の自分に満足している。
	2　私は自分のことが好きである。
	3　自分はダメな人間だと思うことがある。（反転項目）
	4　私は自分という存在を大切に思える。
	5　私は今の自分は嫌いだ。（反転項目）
	6　自分には良いところがある。
	7　自分は誰の役にも立っていないと思う。（反転項目）
	8　私は人と同じくらい価値のある人間である。
B 関係の中での自己（7項目）	1　人の意見を素直に聞くことができる。
	2　私は人のために力を尽くしたい。
	3　私はほかの人の気持ちになることができる。
	4　私には自分のことを理解してくれる人がいる。
	5　人に迷惑がかからないよう，いったん決めたことには責任をもって取り組む。
	6　自分のことを見守ってくれている周りの人々に感謝している。
	7　私には自分のことを必要としてくれる人がいる。
C 自己主張・自己決定（7項目）	1　人と違っていても自分が正しいと思うことは主張できる。
	2　自分の中には様々な可能性がある。
	3　私は自分の判断や行動を信じることができる。
	4　私は自分の長所も短所もよく分かっている。
	5　私には誰にも負けないもの（こと）がある。
	6　私は自分のことは自分で決めたいと思う。
	7　私は自分の個性を大事にしたい。

12

自己価値の随伴性と本来感

◆本来感と自己価値の随伴性とは何か

日本人の子どもたちは自尊感情が低いことが問題になってきていると24ページで述べましたが，デッチィとライアン（Deci &Ryan, 1995）は自尊感情を「本当の自尊感情」と「随伴性自尊感情」（自己価値の随伴性）という２つの概念に区別できると指摘しています。

この指摘をふまえて伊藤・小玉（2005；2006）は、２つの自尊感情について研究を行っています。伊藤・小玉（2006）は,「本当の自尊感情」とは,「自己価値の感覚に何の外的根拠も必要とせずに，ただ自分らしくいるだけで感じられる自尊感情」と定義し,「本来感」と呼んでいます。例えば，家庭や学校そして職場といった様々な場面でもありのままの自分を出すことができ，いつも自分らしくいられる感覚が本来感です。もう一方の「随伴性自尊感情」（自己価値の随伴性）については,「自己価値の感覚が何らかの外的な基準上での査定に依存しており，その基準上での高いパフォーマンスを達成すること（例：テストで100点をとろう）で得られる自尊感情」と定義しています。つまり自分の価値が外的な基準によって決まる自尊感情で，おかれた状況や出来事によって上がったり下がったりするのが特徴です。また大谷・中谷（2010）が，子どもの自尊感情の随伴性を測定する具体的内容を示した尺度を作成しています。(表2-2)。この具体的項目としてあげらている「テストの点が悪いと自分に自信がもてなくなる」「まわりより自分の運動能力がおとっていると感じると，自分に自信がなくなる」といったことは，日々の子どもたちの生活ではよくあることです。計算テストでよい点数をとりそれを親に見せると，親は褒めてくれます。すると「自分って結構，できる人間なんだ」と考えるようになり自己価値が高くなります。しかし成績が悪いと親から怒られてしまい，自己価値が下がってしまうわけです。したがって子どもの随伴性自尊感情は日常生活において親や先生からの評価によって変動しますが，本来感は，状況に左右されずに自分の中でしっかりと確立されている自尊感情であるといえます。

◆いわゆる“よい子”にご用心

市毛・大河原（2009）は，親の子どもに対する期待が上記の２つの自尊感情にどのような影響を与えているかを検討しています。その結果，学校や家庭内でよい子でなければいけないという親からの強い願望を感じながら育った大学生は，自己価値の随伴性が高く本来感が低い傾向が認められたと報告しています。日本人の親が期待する子ども像は，親の言うことを素直に聞け，きちんと挨拶ができて我慢強い子どもであるのに対し，アメリカ人の母親は言葉によってきちんと自分の考えを主張できる子どもであると柏木・東（1977）は指摘しています。まさに日本人の親が望む“素直な子”とは，市毛・大河原が提起する“いわゆるよい子”であるといえます。知らず知らずのうちに，親のとる養育態度が状況によって変化する自己価値の随伴性を子どもにうえつけてしまっているのかもしれません。親の期待に添うように親の顔色を見ながら育ってしまうと，親や人からの評価を非常に気にして，本当の自分を出せないまま大人になってしまうと考えられます。日本人の自尊感情が低いのは，本来の自尊感情がもてずに大人になってしまった結果のあらわれとも理解できるでしょう。

表2-2　自己価値の随伴性尺度の項目（大谷・中谷，2010より作成）

領域（芸能能力）	
1.	音楽や美術でよい成績がのこせると，自分に自信がもてる
2.	音楽や美術でよい結果だと，ほこらしい気持ちになる
3.	音楽や美術の成績しだいで，自分に自信がもてるかどうかは左右される
領域（学業能力）	
1.	テストの点が悪いと，自分に自信がもてなくなる
2.	友だちより頭が悪いと感じると，落ち込んでしまう
3.	勉強面で成績がわるくても，気にならない*
領域（運動能力）	
1.	自分の運動神経がみんなより良いと思うと，自分にほこりを感じる
2.	まわりから自分の運動能力をほめられると，ほこらしい気持ちになる
3.	まわりより自分の運動能力がおとっていると感じると，自分に自信がなくなる
領域（友人関係）	
1.	仲間との関係しだいで，自分に自信がもてるかどうかは左右される
2.	自分を支えてくれる仲間がいないと感じるときでも落ち込むことはない*
3.	自分を支えてくれる仲間がいると感じるとき，自分にほこりがもてる
4.	自分には本当の友だちがいないのではないかと感じると，自分に自信がなくなる
	＊は逆転項目（意味を逆にした場合に自己価値の随伴性が高い）

13

小学生の親子関係（1）
——学年別特徴

◆小学生から見た父親と母親

社会学者のパーソンズは，家庭における父親の役割を道具的役割（instrumental role），母親の役割を表出的役割（expressive role）と表現しています。道具的役割とは，外で働き一家を経済的に支え社会に対する価値観を子どもに伝えるという父親の役割です。一方の表出的役割とは，例えば子どもが学校で嫌なことがあったときには，その思いを聞き入れ，家族内での感情表出をスムーズにさせるような母親の役割です。つまりパーソンズが提起した父親・母親の役割は父親が外で働き，母親が子どもの世話をして家庭を守るといった伝統的な性役割観です。かつて「地震・雷・火事・おやじ」と言われていたように父親は家庭の中で権威のある怖い存在と考えられていました。明治から第二次世界大戦終了までの日本では，天皇が最上位に位置するヒエラルキーの中で，家父長制として家庭の中での父親の地位が守られてきたためと考えられます。

しかし今日では，就業する母親も多くなっており，家庭における父親・母親の役割も大きく変化してきています。その一例として近年では，母親が厳しく父親は優しいと子どもたちは思っていることがあげられます。「平成25年度 小学生・中学生の意識に関する調査」(内閣府，2014）で「お父さんは／お母さんは，口うるさい」かを尋ねた項目があります（図2-2)。「あてはまる」と「まああてはまる」を合わせた数値をみると，いずれの学年をみても父親よりも母親の数値の方が高くなっており，母親のことを口うるさいと思っていることがわかります。その一方で「お父さん／お母さんは，自分の気持ちをわかってくれる」という設問に対する回答では「あてはまる」と「まああてはまる」を合わせた数値は，いずれの学年においても母親の数値の方が高くなっています。このことから小学生は，母親は父親よりも口うるさいけれども，自分の気持ちはわかってくれていると思っている傾向が読み取れます。

では，小学生の時期の親子関係は，学年が上がるにつれてどのように変化し

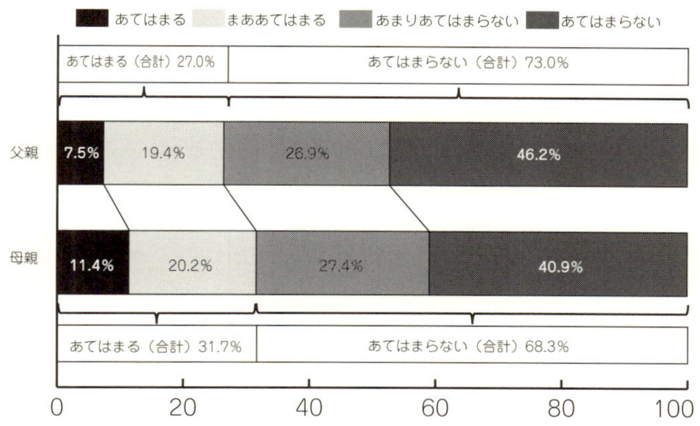

図2-2 「お父さん・お母さんは口うるさい」に対する回答の比較（内閣府，2014）

ていくのでしょうか。低・中・高学年の親子関係の特徴について考えてみましょう。

◆小学生の親子関係の特徴

1，2年生の子どもと親

1，2年生の子どもは何か困ったことがあれば何でも親（特に母親）に助けを求めてきます。生活面でまだ手がかかるだけではなく，精神的にも親への依存が顕著な時期です。このため，学校に行くにもお稽古事に通うにも，親は子どもに気を配る必要があり，母親はいつになったら子育ては楽になるのだろうかとイライラすることが多い時期です。

3，4年生の子どもと親

3，4年生になると，友だちと一緒に遊ぶことが楽しくなり，ギャングエイジを迎えます。徐々に親に口ごたえしたり反抗的態度をとったりするようになってきます。ですから親の方でも，この間まであんなに甘えて手がかかっていた我が子の変化に戸惑いを感じるようになります。しかし，生意気なことを言ったかと思うと甘えてきたり，子ども自身，親に対してアンビバレントな感情をもつ時期です。

5，6年生の子どもと親

5，6年生になると身長も急激に伸び，大人びてきます。子ども自身，自分の短所や長所も理解できるようになり，自己成長がみられるようになる時期です。親を一人の人間としてみるようになり，親批判をしてくることも多くなります。しかしこれは精神的自立への第一歩であると考えられます。

14

小学生の親子関係（2）
——養育態度

◆サイモンズによる養育態度分類

親の養育態度は子どもの性格形成に大きな影響を与えます。養育態度について初めて体系立てて研究を行ったのはサイモンズ（Symonds, 1937）です。彼は1937年に「親子関係の基本概念」という論文を発表し，受容（acceptance）— 拒否（rejection），支配（dominance）— 服従（submission）という軸から４つの養育態度を提起しています。受容×支配だと過保護な親，受容×服従だと子どもを甘やかす親，拒否×支配だと冷淡な親，拒否×服従だと子どもを無視する無関心な親，という養育態度です。

◆バウムリンドによる養育態度分類

サイモンズの親の養育態度の分類に基づき，シェーファー（Schafer, 1965）によって親子関係を検討する尺度PARIやCRPBIが開発されていきました。その後，バウムリンド（Baumrind, 1973）は応答性（responsiveness）と要求性（demandingness）という観点から養育態度について提起し，分類を行っています（図2-3）。

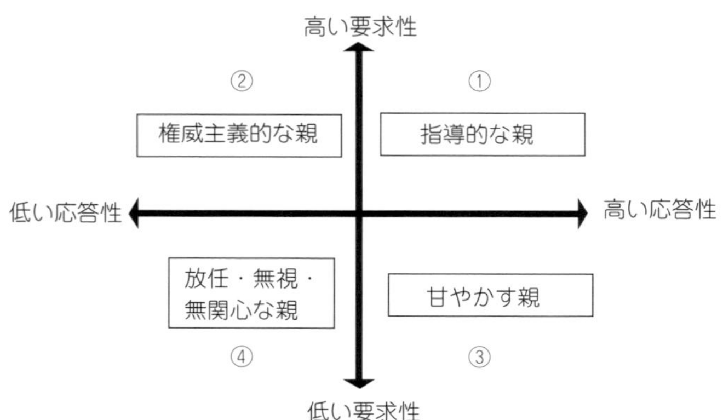

図2-3　親の養育態度の分類（Baumrind, 1973より作成）

①指導的な親（高い応答性 × 高い要求性）

①のタイプの親は，子どもの言いなりになるのではなく，自分の価値観や行動指針をもって毅然とした態度で子どもに接することができます。その一方で，子どもの話に耳をしっかりと傾けて応答的に接することができる親です。最近の親は，子どもの要求を全面的に受け入れてしまうことが多いのですが，親として言うべきことはきちんと子どもに伝えることはとても大切です。

②権威主義的な親（低い応答性 × 高い要求性）

②のタイプの親は，子どもは親の言うことに従うべきであるといった考えが強く，時には子どもに対して厳しすぎる接し方をしている場合があります。子どもに対する期待や要求も高すぎることもあります。そのために子どもは，親は自分のことを理解してくれていないと思い，言いたいことがあっても言えない子どもになってしまう可能性があります。

③甘やかす親（高い応答性 × 低い要求性）

③のタイプの親は，子どもの言うことは何でも聞き入れるために，一見，子どもに対して寛大で理解のある親のように思われます。しかし実際には親は子どものわがままな態度に困ってしまい子育てに自信を失っている場合もあります。

④放任・無視・無関心な親（低い応答性 × 低い要求性）

④のタイプの親は，子どもに対して，厳しくもなく，応答的でもありません。なぜならば子どもに対して関心がなく子どものことは放ったらかしている自分勝手な親である可能性があるからです。子どもは，好きなことをやっていても怒られないので自由に振る舞っていますが，寂しい気持ちを抱いている可能性もあります。

バウムリンドの要求性と応答性という視点から導き出された４つの親の養育態度をみると，①の指導的な親が一番，望ましいことがわかります。例えば子どもがクラスの皆が持っているゲームを自分にも買ってほしいと親にせがんできたとき，子どもの気持ちを受け止めつつ自分の家庭ではゲームはダメだということを冷静に伝えられるような親が指導的な親です。それに対し，最近は②や③あるいは④の態度をとる親が多くなってきていることが懸念されます。マスコミや世間の風潮に惑わされることなく，自分の価値観をしっかりもって子育てをしていくことはとても大切なことです。

15

小学生の友人関係（1）
——学年別特徴

◆1，2年生の友人関係の特徴

小学校低学年の友人関係は，幼児期にみられていた行動がまだ色濃くみられます。例えば1年生の頃だと，ごっこ遊びやブロック，1人でボールを追いかけて遊んだりという幼児期の遊びもよくみられます。遊び相手は，自分の家の近くの友だちや親の知り合いの子どもであったり，狭い行動範囲の中から選ばれます。一見，数人の友だちと一緒に仲良く遊んでいるようにも見えますが，飽きてしまうとその集団からいつのまにか離れて1人で遊んでいたり，別の集団に入って遊んだりと流動的な交友関係が特徴です。困ったことがあると頼りにするのは，友だちよりも母親や学校の担任の先生です。すぐに「どうすればよいのか教えてほしい」と尋ねてくる場合が多く，まだ大人への依存が大きい時期といえます。友だちの悪い行動を目撃したら，先生に言いつけにいったりする（告げ口をする）子どもも数多くみうけられます。これは悪意をもって担任の先生に告げ口をしているわけではなく，自分でその状況を判断し友だち同士で解決できるまでの段階にまだ到達していないので，大人に報告することが正しい解決方法だと考えているわけです。

◆3，4年生の友人関係の特徴

3，4年生になると徐々に友だちとの関わりの中で遊び方が変わってきます。小学校の中学年はギャングエイジと言われています。ギャングは仲間・一味・徒党・一群という意味ですが，仲間を形成してその仲間集団で遊んだり，時にはいたずらをして大人から怒られたりというやんちゃな年齢を示しています。低学年の頃は，親や先生からの指示をしっかりと守って行動しようとしていますが，中学年になると友だちとの関わりや考えから強い影響を受けるようになってきます。友だちとの約束を守ろうとして親や先生に反抗的態度や口ごたえをするようになり，大人はこれまでとは違った子どもの態度に戸惑いを感じるようになる時期です。家が近いから友だちになって一緒に遊ぶという関係から，遊びへの関心や話が合うから友だちになるというような関係に変化がみられるようになってきます。それに伴って自分の仲間であるという意識が強くなり，仲間から排除しようとする言動がみられるようになるのもこの頃からです。クラスの中でいじめが問題となってくることも増えてきます。自分の仲間のグループにおいても，グループの中心的なリーダーとなる子ども，それに従うフォロアーとなる子どもが出現し，集団の中に力関係が出現してきます。

◆5，6年生の友人関係の特徴

高学年になると自分と気の合う友だちとそうでない友だちがはっきりしてきます。自分から友だちを選んでつき合うことができるようになるわけです。友だちを選ぶ理由は，自分と性格が似ているからであり，親友という表現が使われるようになります。また自分と友だちとを比較することが多くなります。「○○ちゃんに比べて自分は勉強ができないけど，僕の方がサッカーは得意だ」のように友だちと比較することで，自分を理解するようになっていきます。親や先生からの評価ではなく，自分と友だちとの比較によって自分自身について評価しているのです。友だちは自分を知るきっかけとなる重要な他者であるといえます。しかし高学年になると，友だちのことを家で話さない子どももでてきます。なかには，友だち関係がうまくいかずにいじめにあったり，学級の雰囲気にとけこめず不登校になり家に引きこもったりする子どももいます。異性の友だちを意識し始めるのもこの頃からです。男子は関心のある女子をからかったり，逆に女子は女子同士でかっこいい男子の話で盛り上がったりします。

表2-3　小学生の友だち関係の特徴

	1，2年生	3，4年生	5，6年生
友だち関係の特徴	家が近いから友だちになる	群れて遊ぶ友だち 仲間はずれをする	気の合う友だちを選ぶ 異性の友だちを意識する
困ったら頼る人は誰か	親や先生に頼る	困ったら仲間に頼る	親友に相談する
遊びの内容	ごっこ遊び・ブロック	仲間だけがわかるルールを決めて遊ぶ	男子：ゲーム・サッカー 女子：おしゃべり

16 小学生の友人関係（2）
——関係を変化させる要因

◆ソシオメトリック・テスト

小学生の時期は友人との喧嘩やトラブルはつきものです。友人との関係づくりが上手な子どもも苦手な子どももいて，大人社会の人間関係の縮図が学校現場でも見られます。そうした友人関係を知るために教育現場では「ソシオメトリック・テスト」が利用される場合があります。アメリカ人のモレノによって提唱された理論をもとにしたテストで，「ソシオ」はギリシア語で「集団」あるいは「社会」を意味しています。学級の中での仲間集団の把握，孤立している子どもや仲間に入っていない子どもの把握には有効な手法ですが，その教示の仕方は慎重にする必要があります。

◆苦手な友だち

日向野・小口（2007）は，ソシオメトリック・テストを使って小学４年生から６年生までの学級内での児童の友人関係における不快感や懸念といった「対面苦手意識」を検討しています。「あなたの友人を一人思い浮かべてください。あなたはその友人が悪いことをしたときに注意しなければいけないとします。そのときあなたはどう思いますか」と尋ねた結果，「わずらわしさ因子」（その友人と話したり遊んだりしたくない・注意だけしてそれ以上，友人と話さない）と「懸念因子」（その友人に嫌われないようにやさしく注意する・自分のことをどう思われるかいろいろ悩む）が抽出されました。そして男女ともに公的自意識（他者評価を気にする意識）が高いほど「わずらわしさ」と「懸念」を強く感じていました。また自己受容が低い男子ほど友人との付き合いをわずらわしいと感じていることが示されました。

◆子ども同士の呼び方・あだ名

小学校の３年生ぐらいになると，友人を「あだ名」で呼び合うことが増えてきます。三島（2003）は，学級内での呼ばれ方と友人相互の関係についての研究を行っています。その結果，男子の場合は「くん付け」で呼ばれている児童の方が，他の呼び方で呼ばれている児童よりも学級内において相対的に自分よりも強いと認識していましたが，女子の場合はその逆に「○○さん」と呼ばれている方がその傾向が弱いことがわかりました。男子の場合は，「○○くんは自分よりも勉強もサッカーも上手ですごい」といった意識が「くん付け」で呼ぶことに関連し，女子の場合は，「○○さん」は仲間には入っていない（あるいは入れてあげていない）という排斥意識が「さん付け」と関連していると考えられます。

◆友人関係の変化

武蔵（2014）は，小学４年生から中学３年生を対象に友人関係にどのようなことを期待（欲求）しているかを研究しています。友人関係項目を因子分析した結果，「固定した関係欲求」（例：いつも決まった友人と一緒にいたい・グループの仲間同士でかたまっていたい），「開かれた交流欲求」（例：お互いの違いを認め合える仲間がよい・考え方が違う人が刺激になる），「内面共有欲求」（例：秘密や悩みを友人にうちあける・親にいえない心配事を友人に話す），という３因子を導き出しています。そしてこれら３因子の男女差や学年差を検討した結果，男子は「固定した関係欲求」が小学４年生と中学１年生で高かったのですが，女子は小学６年生以降「内面共有欲求」が高くなる傾向が認められました。つまり男子の結果は，ギャングエイジと呼ばれる小学４年生の時期に仲間を大切にしたいという思いが強く現れてくることを示していると考えられます。一方，女子は自分の悩みや問題を話せる親友が出現する６年生以降，「内面共有欲求」が高くなってくるようです。

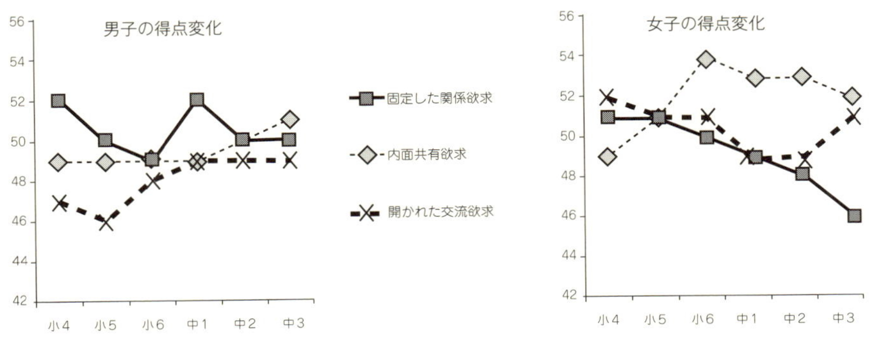

図2-4　友人関係形成欲求得点の学年別変化（武蔵，2014 より作成）

17 きょうだい関係

◆2人きょうだいのタイプ

心理学では「きょうだい」とひらがなで書くことが多いと思われます。それは漢字できょうだいと書くと「兄弟」となり，男子の場合だけを表現し姉妹がそこには含まれなくなってしまうからです。少子高齢化時代を迎え子どもの数は減少しています。合計特殊出生率をみると2005年には過去最低の1.26にまで下がり，2013年には1.43そして2015年には1.46と少し増加傾向にありますが依然，子どもの数は少ない状況です。この数値からみると日本社会では一人っ子かせいぜい２人きょうだいが一般的ということになります。しかしきょうだい関係はきょうだいのうちの誰かが亡くならない限り，一生涯にわたって続く長い対人関係です。子どもの頃からの親密な関係性が一生続く場合もありますが，何らかの理由で大人になってから対立するきょうだいもいます。長い一生では，きょうだい関係も変化していくわけです。

きょうだい研究の先駆者である依田（1967）は，親子関係はタテ（従属）の関係，友人関係はヨコ（仲間）の関係，きょうだいはナナメの関係であると述べています。そして①きょうだい数，②出生順位，③性別，④年齢差によって，きょうだいの関係性は大きく異なってくると指摘しています。①から④の視点から２人きょうだいの特徴を飯野（1994）の分類にしたがってみてみましょう。

① **保護・依存関係**：兄と妹・姉と弟によくみられる。一方が他方を助けたり，保護する関係性。勉強を教えてもらう／あげる。頼りにする／してもらう。

② **対立関係**：兄と弟によくみられる。一方のきょうだいに対する恨み・ねたみ。きょうだい間の喧嘩。いじめ。

③ **共存関係**：姉と妹によくみられる。きょうだいが対等の関係。呼び名も○○ちゃんというように愛称で呼ぶ。一緒に遊ぶ・ものの貸し借りをする。

④ **分離関係**：年の離れた兄と妹・兄と弟によくみられる。相互のやりとりや会話が少ない。一緒にいても口をきかない。お互いの生活に干渉しない。

◆出生順位と性格

たまたま同じ家庭にいるきょうだいから様々な影響を受けて子どもは育っていきます。アドラー（Adler, 1932）は，親以上にきょうだいからの影響が子どものパーソナリティの形成に重要な影響を及ぼしていると指摘し，特にきょうだい間に生まれる劣等感に着目しました。彼は著書『人生の意味の心理学』（1984）において出生順位と子どもの性格や行動特性との関係性について述べており，それをまとめたのが表2-4です。

2

表2-4　アドラーによる出生順位と性格・行動特性

長子の性格	次子の性格	中間子の性格	一人っ子の性格
• 口数が少ない • 話の聴き手 • 迷惑を考える • 面倒は避ける • 我慢強い	• おしゃべり • 褒められたがる • 物まね上手 • 甘え上手 • 自分の考えを押し通す	• 上と下に挟まれて比較される • よく考えないでやり始め失敗する • 気に入らないとすぐ黙り込む • 何事にも一生懸命やろうとする	• わがまま • あきっぽい • 協調性がない • 引っ込み思案 • 慎重 • 完璧主義 • 競争心がない

◆親の養育態度ときょうだい関係

例えば，きょうだい喧嘩になり弟が大泣きすると，親はたいてい兄を叱ります。たとえ兄が悪くなくても「あなたはお兄ちゃんなんだから我慢しなさい」といったぐあいです。こうした親の一方的な兄への態度は，きょうだい間の葛藤を高める要因になります。きょうだいへの養育態度の差は，夫婦関係と関連しているという研究報告もあります。夫婦間で対立や葛藤がある場合，子どもに対する養育態度が夫婦で異なり子どもを混乱させてしまうと考えられ，それがきょうだい間の葛藤を高めるというのです。逆に夫婦間に葛藤がなく相互に尊敬しあう夫婦の場合は，子どもに対する養育態度に一貫性があり安定した親子関係になると考えられます。きょうだい間の葛藤や嫉妬心は旧約聖書の話に照らし合わせて「カイン・コンプレックス」という概念で説明されることがあります。農夫の兄カインと羊飼いの弟アベルが共に神に捧げ物をしたところ，神は弟アベルの供え物だけを喜びました。兄アベルは弟カインに嫉妬し強い憎しみからアベルを殺害してしまいました。ユングはこの話に注目し，親の差別的な態度がきょうだい間の葛藤につながると説明しています。

18 反抗期

◆反抗期とは

小学校４年生ぐらいになると，突然，親に口ごたえしたり反抗的な態度をとることが増えてきます。いわゆる反抗期の始まりです。そうした態度に親は戸惑い，子どもとの接し方に悩み始めます。これまで心理学では子どもの反抗期は２回あると考えられてきました。第１反抗期は２歳ぐらいの幼児期に現れるもので，例えば「お風呂に入りましょう」と母親がいえば「イヤだ！」と抵抗し，親をてこずらせるような反抗です。親の庇護のもとに過ごしてきた子どもが，自分の欲求を初めて出し始める「自我の芽生え」の時期と考えられています。次の第２反抗期は中学生頃の青年期に出現します。反抗の対象は親だけでなく，教師や年長者，時には社会的権威にまで及ぶことがあり，特に親に対しての激しい反抗から非行に走る青年もいます。ドイツの青年心理学者のビューラーは，青年期の反抗期は第２次性徴の発現の時期とも重なっており，心身のバランスが崩れるために心の葛藤が反抗という形で現れてくると説明しています。

ところが最近，中間反抗期という言葉が聞かれるようになってきました。これは小学４年生ぐらいから顕著になってくる親への口ごたえや，ちょっとした親の一言でキレる子どもの態度を指しています。中学生頃の第２反抗期ほど，親への反抗は強くなく，反抗的態度をとったかと思うと親に助けを求めてみたり甘えてみたりする「アンビバレントな態度」が中間反抗期の特徴です。

◆反抗しない子どもの増加

内閣府の「平成25年度 小学生・中学生の意識に関する調査」（図2-5）では，平成18年と平成25年の親子関係の比較を行っています。例えば「父親に反発を感じる」小・中学生は平成25年は平成18年より6.3％も減少しています。また母親に対しても反発を感じる傾向は低下しており，最近の子どもたちの親への反発，反抗意識は弱くなってきていると推察されます。この結果から，親の言うことに素直に従う子どもが増加してきているとも読み取れます。親からみて

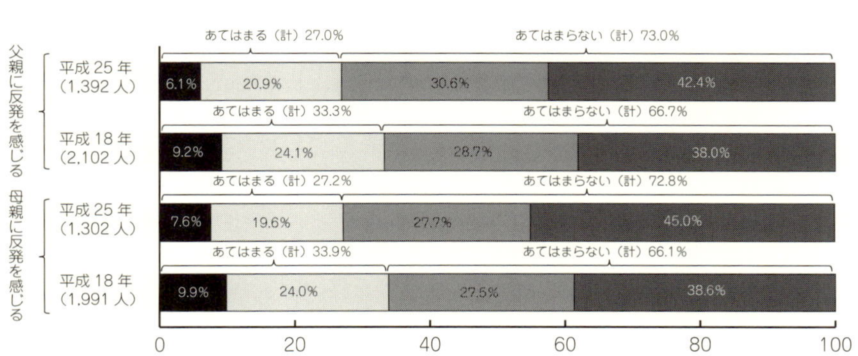

図2-5　父親／母親への反発の年代比較（内閣府，2014より作成）

反抗的でない子どもは“よい子”であり，育てるのが楽ですが，子どもの成長という面から考えると自立心が育ってきているのか心配になります。親の意見を聞き入れ親を敬うことはとても大切です。しかし小学生の頃，自分の思いや考えをしっかりと主張し，悩みや不安を親に伝えられる自立的な子どもに育つことは，次のアイデンティティの確立へつながる大切な課題になります。

◆反抗期の子どもへの接し方

近年，親への反抗意識が弱くなってきたものの子どもの反抗に親は困惑します。子どもが自分の力で親から自立していく過程でもある反抗期の子どもにどのように接していけばよいのか，気をつけておきたいポイントをあげておきます。

①**子どもの主張を冷静に聞く**：つい子どもの発言にカッとなり子どもを叱りつけてしまいがちですが，子どもの主張，言い分を冷静に聞いてあげましょう。

②**親の方が悪かった場合は，子どもに対して謝る**：親は自分は絶対に正しいと思いこんでいる場合が多いのですが，もし自分に非があるとわかったときは，素直に子どもに謝りましょう。

③**子どもの自尊心を傷つけないように注意する**：子どもの悪い点を指摘しても，「あなたっていつも本当にバカだね」といった人格全体を否定する言い方はしないようにしましょう。

④**どんなときも子どもの味方であることを伝える**：困ったときにはいつでも相談してほしいと伝えておきましょう。

19 小学生の自己意識

◆自我・自己の定義

心理学では「私」「自分」を表現するのに，自我（ego），自己（self）という言葉をしばしば用います。例えば自我意識・自己意識・自己概念・自己受容・自己開示など多くの言葉があります。自我は精神分析における概念で，自分自身がとらえた自分という意味，自己は他者との関わりの中でとらえた自分と考えられます。自己について初めて定義したアメリカ人のジェイムスは，自己を主体的自己「Ｉ」(知り・考え・行動する自己）と客体的自己「me」(対象化され，他者から知られるものとしての自己）に分けることができるとしています。「自己」は英語では「self」という単語ですが，この self はギリシャ語の autos の変化形で「自らの力で」「自らの意志で」「独立して」という意味です。英語では，automobile（車），autograph（サイン・自筆），autonomous（自治権のある），autobiography（自伝）といった言葉がありますが，いずれも「自ら」という意味が入っています。アメリカの社会学者クーリーは，自己を「鏡に映った自分」(looking glass self）と，他者を鏡に見立てたユニークな表現をしています。

◆小学生の自己の発達過程

子どもはどのような過程を経て大人のように自分をとらえることができるようになるのでしょうか。デーモンとハート（Damon&Hart, 1988）をもとにした子どもの自己理解モデル（図2-5）に照らし合わせて考えてみましょう。

①１，２年生の自己の特徴：外面的な点で自分を理解する。

自分の名前や年齢，親の名前や住所といった所属，所有物（例えば，ぬいぐるみ），自分の身体や行為，好きな食べ物や遊びといった外面的な点から自己を理解する。小学校低学年では，客観的に自己を見つめ自分のよさを理解するには，まだ十分にその力が育っていない。したがって先生や親からの評価が，そのまま自分の特徴だと素直に理解してしまう。

②3，4年生の自己の特徴：身近な友人と比較して自分を評価する。

「自分は○○より，走るのが速い」「自分は○○より歌が下手だ」「自分は，クラスの誰よりも声が大きい」など，友人と比較して自己をとらえる。比較をすることで自分の得意なこと（好きなこと），苦手なこと（嫌いなこと）を明確に認識するようになっていく。この時期に自分のよいところ，足りないところを理解できるようになる。

③5，6年生の自己の特徴：社会的自己を意識するようになる。

自分の置かれている現実を意識し，社会とのかかわりを考え始める（例えば自分の家は他の家に比べて貧しい・金持ちだ）。年齢が上がるにつれ自己の否定的な側面（例：不真面目・わがまま）をより多く述べるようになっていく。

また，佐久間の研究（2000）では，年齢が上がるにつれ，子どもは身体的・外的属性に関する描写が減少するが，行動および人格特性に関する描写が増加し，肯定的側面（好き・いいところ）が減少し，否定的側面（嫌い・悪いところ）を述べる子どもが増加するようになるといえます。

図2-5　子どもの自己理解発達モデル（滝吉・田中，2009）

発達レベル		共通組織化原理	物理的自己	行動的自己	社会的自己	心理的自己
4	青年期後期	体系的な信念・計画	意志による選択や個人的・道徳的基準を反映した物理的属性（定められた衣服の着用）	意志による選択や個人的・道徳的基準を反映した行動的属性（信仰のため教会へ行く）	社会的関係・人格特性に関連した道徳的・個人的選択（生き方としてボランティア）	信念体系，個人の哲学，自分自身の思考過程（全人類が平等だと信じる）
3	青年期前期	対人的な意味づけ	社会的魅力や対人関係に影響を与える身体的属性（強いので尊敬される）	社会的魅力や対人関係に影響を与える行動的属性（遊びが好きで人に好かれる）	社会的人格特性（人に親切である）	社会的感受性，コミュニケーション力，心理的な社会的スキル（気が利いている）
2	児童期中後期	比較による評価	能力に関連した物理的属性（人より背が高い）	他者や社会的基準に関連づけられた能力（他の子より絵が上手）	他者の反応を考慮した行動や能力（先生にほめられる）	知識，認識力，能力に関連した情動（人より頭が悪い）
1	児童期前期	カテゴリー的自己規定	身体的特徴や物質の所有（青い目をしている，犬を飼っている）	典型的行動（野球をする）	特定の社会関係・集団の中での属性（妹がいる，3組である）	一時的な気分・感情，好き嫌い（時々悲しくなる）

20 小学生のうつ病

◆小学生のうつ病の実態

近年，大人のうつ病はメンタルヘルスの問題として取り上げられ，対策が論じられるようになってきました。対策の１つとして，2015年12月より労働者が50人以上の企業ではストレスチェックが義務付けられました。一方，大人のうつ病の増加とともに，うつ症状を示す小学生の出現が報告されるようになってきました。「え，子どもでもうつ病になるの？」と思われる方もいらっしゃるかもしれませんが，“子どもは心身ともに元気で生気に満ちている”といったイメージは，もはや通用しない時代になってしまったようです。例えば，小学生のうつ症状として表2-6 に示すような症状があげられます。

表2-6　小学生に現れるうつ症状の例

行動面	落ち着きがない，意味のない行動を繰り返す，行動の速度が遅くなる，寡黙，毎日の行動や係活動をこなせない，集中できない，成績が落ちる
身体面	食欲がない，体重が減る，体重が極端に増えた，眠れない，起きられない，吐き気，頭痛，腹痛

傳田ら（2004）は，日本の小・中学生の抑うつ状態について実態調査を実施しています。そこではバールソンら（Birleson, et, al., 1987）の自己記入式抑うつ評価尺度を使用し，第１因子「楽しみの減退」（例：何をしていてもいつものように楽しくない・家族と話したくない），第２因子「抑うつ・悲哀感」（例：とても悲しい気がする・泣きたいような気がする）という２因子から子どもの抑うつを測定しています。調査は札幌市・千葉市・岩見沢市の小中学生20,486人に対して行われ，回答のあった3,331名のうち小学生の7.8%，中学生の22.8%に抑うつ傾向が認められたという結果を報告しています。この数値は欧米の子どもたちの抑うつ傾向を示す数値とほぼ一致するものです。

◆小学生の抑うつ症状の原因

子どものうつ病を誘発しやすい体験や環境として，①喪失体験（身近な人の死，ペットの死，親友の引っ越し），②孤独の体験，③不安感の蓄積（教師や親から否定的評価を繰り返し受ける，失敗体験，怒りの抑圧），④我慢することの多い養育環境，⑤不安定な養育環境（家族に気分障害の人がいる，虐待，親の病気，単身赴任，引っ越しの繰り返しなど環境の変化）があげられます。これ以外に菅原ら（2002）は，夫婦関係が家族機能を通して小学生の抑うつに影響を与えていると指摘しています。また，研究の結果，抑うつ傾向が高い子どもの母親は夫に対して愛情得点が低い傾向が認められています。その一方で，夫婦間で配偶者への愛情得点が高いほど，家庭の雰囲気と家族の凝集性評価が高い傾向が認められました。また内田・藤森（2007）は，小学５，６年生の抑うつと不安感が家族関係とどう関連しているか検討しています。研究では，直径12cmの円の中に円形ゴマを家族に見立てて描いてもらい，その距離によって３者均等近接型，３者均等中距離型，父子接近型，母子接近型，夫婦接近型の５つに分類しました。その結果，３者均等近接型，３者均等中距離型というバランスがよくとれた関係性では子どもの抑うつ傾向が低く，父子接近型，母子接近型，夫婦接近型では抑うつ傾向が高いことが明らかになりました。こうした結果から子どもが自分の父母は仲が良いと認識している場合，子どもの抑うつ傾向は低いことがわかります。子どもの抑うつ症状には，家庭の雰囲気が悪かったり父母の喧嘩が絶えず不仲であったりすることが関連しているといえましょう。近年，日本は離婚率が高くなってきています。両親の離婚などの家庭環境の変化が子どもの心理状況に強く影響を与えているのではないでしょうか。早期に子どもの抑うつ症状に気づき，早めのケアをしていきましょう。

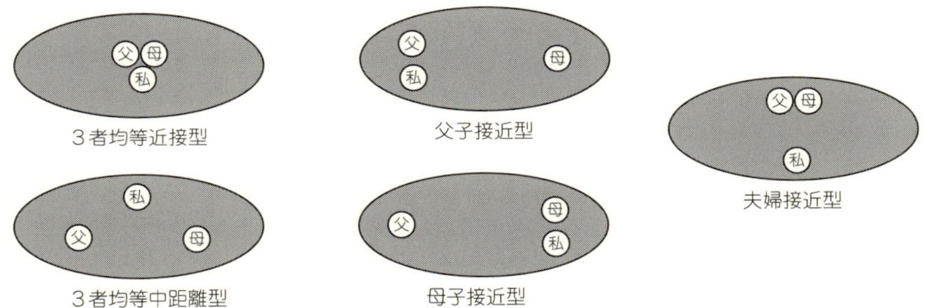

図2-6　親子の距離感のパターン（内田・藤森，2007）

21 子どもと上手に関わるコツ

◆言葉からの影響は少ない

私たちは，人と話をしているとき，いろいろなことを思い描きながら話しています。「もしかしてこの人，私のことが嫌いなのではないか？　怒っているのだろうか」といった具合です。心理学者のメラビアンは，コミュニケーションにおいて相手が受け取るイメージの55％は話し相手のボディランゲージから，38％が話し手の声のトーンやスピードから，そして言葉から受けるイメージはわずか7％だとしています。つまり言葉だけではなく，態度や声の調子から私たちは，相手の感情を読み取っているのです。

では，子どもと接する場合，どのような聴き方，話し方をするとうまくコミュニケーションが取れるのか，そのコツについて考えてみたいと思います。

◆聴き方のコツ

人の話に耳を傾けて熱心に聴くことを「傾聴」といいます。傾聴が上手にできる人は，自分をおさえ相手が気持ちよく話せるように相手を尊重する心くばりができている人です。子どもと話しているとつい「お母さんはね，○○だと思うから，絶対に○○しちゃだめよ」と自分の考えや価値観を押しつけてしまいますが，それは子どもの考えを尊重しているとはいえないわけです。傾聴の基本としては，「話し相手が言わんとしている意味を聴き取る」「話の背後にある相手の気持ちを理解する」「相手の話をあるがままの自分で受けとめる」「助言・忠告は極力しない」「相手自身が考えて進むべき方向を考えられるように援助する」「自分の価値を押し付けない」などがあげられます。

聴き上手になるコツ

①視線・姿勢・話し方

- 姿勢：リラックス・腕組みをしない・体や脚をゆすらない
- 表情：やさしく自然に。無理に笑顔を作らない
- 話のスピード，トーン，声のボリュームを子どもに合わせる

②“聴いていますよ”メッセージを送る。例：うなずき・あいづち
③キーワードの繰り返し
「今，○○ちゃんが言ったことって○○ということなんだね」(反射の基本)
④「○○ちゃんの気持ちは○○だったの？」(感情の反映・明確化)
⑤「○○ちゃんが言いたいことは○○なのかな？」(意図・願いの反射)
⑥「○○ちゃんは，○○のことで困っているんだね」(目標の明確化)
⑦「これまでの話から，結局○○という気持ちなんだね」(長い話の要約)
⑧「なるほどね」「それから？」「もっと詳しく教えてくれる？」と話を少し発展させる。

以上のようなコツをふまえ，「全ての答えは，相手の中にある」ということを前提に，相手に意識を向けることが大切です。

◆さわやかな自己主張

子どもでも大人でも，相手に不快な思いをさせずに自分の考えや気持ちをしっかりと表現することはとても重要なことです。これを「アサーション」(さわやかな自己主張)と言います。次の例で自己表現について考えてみましょう。

【子どもが計算テストで100点満点中20点しか点数が取れなかった場合】

攻撃的な自己表現

母　親：「テレビばっかり見て勉強しないからこんなひどい点しか取れないんだよね。本当に頭が悪い子だね！」と大声で怒鳴る。

非主張的な自己表現（ノン・アサーティブ）

子ども：上記の母親の一言に対して自分の考えを何も言えなくなってしまい，じっと我慢して下を向いているだけ。

アサーティブな表現（さわやかな自己主張）

母　親：「毎日，10分でいいから計算練習をお母さんとやってみようか。そのときはテレビを消しておこうね」と冷静に子どもに語りかける。

子ども：「掛け算のやり方でわからないところがあるんだよね。だからテストのときにあせってしまってできなくなっちゃうんだ」とテストでわからない点やあせる気持ちを母親にしっかりと話した。

さわやかな自己主張が親子でできるようになるには，心を開いて自分の気持ちを話せるようになることが大切です。まさに“I'm OK. You are OK”な心理状態がさわやかな自己主張ができている状態です。

22 叱り方／褒め方

◆上手な叱り方のコツ

小学生はいたずらをしたり，友だちと喧嘩をしたり，先生や親の言うことを聞かずに，大人をてこずらせます。そうしたときに，つい，子どものわがままな言動にカッとなって子どもを叱りつけたり怒ったりしてしまいます。ではそんなときどうしたら上手に子どもを叱ることができるのでしょうか。

遠藤ら（1991）は，子どもを叱るときによく使う表現には，直接的表現（例：○○しなさい）と間接的表現（例：押し入れに入れるぞといった罰の予告・問いただし・子どもの人格評価など）があるとしています。そして小学５，６年生に，これらの叱り方をどう思うかを尋ねたところ，「子どもの人格評価（例：バカだね。だらしないね）」，「突き放し（例：もう，好きにしなさい。もう勝手にすればいい）」といった叱り方に対して，反発反応が高くなっていました。自分の性格を非難されたり自尊感情を傷つけられるような叱り方をされると，子どもはかえって心を閉ざしてしまうのです。

では，効果的な叱り方とはどのような叱り方でしょうか。川島（2004）は，大学生に自分が言われた嫌な叱り方を尋ね，表2-7 に示す効果的な叱り方を導きだしています。

表2-7　効果的な叱り方（川島，2004）

1	くどくど叱らず短時間で叱る
2	他者と比較して叱らない
3	なぜ叱るのかを明確にして叱る
4	子どもの言い分も聞き，頭ごなしに子どもを否定しない
5	問題の原因となったものだけを叱り，余計なことは叱らない
6	持って回った言い方は避け，直接的に叱る
7	感情的にならず穏やかに叱る

◆上手な褒め方のコツ

では次に上手な褒め方について考えてみたいと思います。大人でも子どもでも人から褒められるとうれしい気持ちになります。大宮・松田（1987）は，子どもに対する「褒め」について①言語による褒め（例：上手にできましたね），②賞状による褒め（例:賞状をあげる），③賞賛による褒め（例:すごいね。先生，うれしいわ）のように分類しています。また，高崎（2002）は，①個人を褒める（あなたって，すごいね），②結果を褒める（例：よくできているね。上手だね），③過程を褒める（例：がんばってきたよね）のように褒めを分類しています。さらに青木（2005）はお手伝い場面において，就学前の子どもは「すごいね。上手」といった賞賛の「褒め」を好みますが，小学１年生の子どもは「ありがとう」といった愛情や感情のこもった「褒め」を好むことを明らかにしています。つまり何気なく私たちが行っている「褒め方」にもいろいろな種類があり，年齢に合わせた褒め方が効果的だとわかります。

そしてさらに効果的なのが「具体的な褒め」です。「前回は，計算問題が50点しか取れなかったけど，今回は80点もとれてすごいね」とか「だんだん漢字が丁寧に書けるようになっているね。がんばっていて偉いね」といったように前に比べてよくなっている点，優れている点を褒めてあげましょう。先生そして親が自分のことに関心をもってみてくれていることが伝わることで，子どもに安心感とやる気をもたせることができるのです。

最近の大学生は無気力でやる気がないとよく言われます。これは小学生の頃から，叱られることが多く，褒められた体験が少ないことが大きな原因になっていると考えられます。小野寺（2009）は母親から幼少期に褒められて育った子どもは，エゴ・レジリエンス（20ページ参照）が高く，そのエゴ・レジリエンスによってやる気が高まるというプロセスモデルを明らかにしています。子どもが育っていく中では叱られる経験をすることも大事です。褒めることと叱ることその両方のバランスがとれた子どもへのしつけや指導が大切になります。

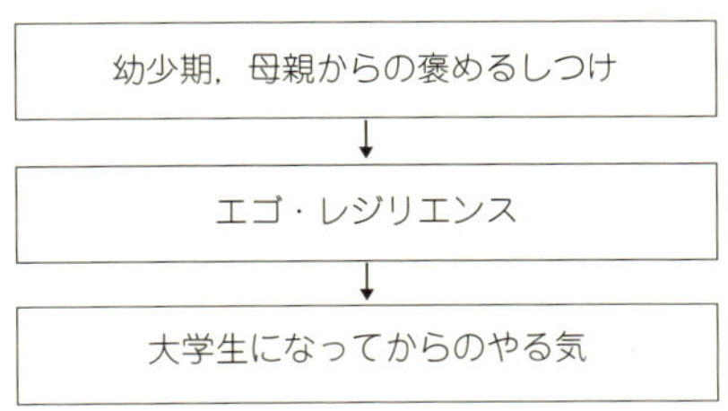

図2-7　やる気を高めるプロセスモデル（小野寺，2009 b より作成）

3　学　習

23 算　数

◆算数の教科目標

小学校で学習する算数は，様々な実生活場面で使う重要な概念を学ぶ教科です。2020年実施予定の小学校学習指導要領の算数の教科の目標は「数学的な見方・考え方を働かせ，数学的活動を通して，数学的に考える資質・能力を次のとおり育成することを目指す」とし，さらに，「⑴数量や図形などについての基礎的・基本的な概念や性質などを理解するとともに，日常の事象を数理的に処理する技能を身に付けるようにする。⑵日常の事象を数理的に捉え見通しをもち筋道を立てて考察する力，基礎的・基本的な数量や図形の性質などを見いだし統合的・発展的に考察する力，数学的な表現を用いて事象を簡潔・明瞭・的確に表したり目的に応じて柔軟に表したりする力を養う。⑶数学的活動の楽しさや数学のよさに気付き，学習を振り返ってよりよく問題解決しようとする

表3-1　2020年からの学年別算数の内容例（文部科学省，2017 d より作成）

	数と計算	図形	測定	変化と関係	データの活用
1年生	数の大小，順序と数直線／加法，減法（1位数，簡単な2位数）	形とその特徴の捉え方／形の構成と分解／方向やものの位置	量の大きさの直接比較，間接比較／時刻の読み方		絵や図を用いた数量の表現
2年生	十進位取り記数法／簡単な分数／加法・減法（2位数，3位数）／乗法九九	三角形，四角形／正方形，長方形と直角三角形／正方形や長方形の面で構成される箱の形	長さやかさの単位と測定／およその見当と適切な単位／時間の単位と関係		簡単な表やグラフ
3年生	万の単位／加・減・乗・除／小数・分数の加法・減法／□を用いた式／そろばんによる計算	二等辺三角形，正三角形／角／円，球	長さや重さの単位と測定／時間の単位（秒）／時刻や時間		データの分類整理と表／棒グラフ
4年生	億，兆の単位／概数／四捨五入／四則混合，（ ）を用いた式	平行や垂直／見取図，展開図／面積の単位／面積（正方形・長方形）／角の大きさ		変化の様子と表や式／折れ線グラフ／簡単な場合についての割合	二つの観点から分類する方法／折れ線グラフの特徴と用い方
5年生	偶数，奇数／約数，倍数／分数と整数，小数の関係／数量の関係	合同／円周率／面積（三角形など）／体積の単位／体積（立方体など）		簡単な場合の比例の関係／速さ／割合／百分率	円グラフや帯グラフ／統計的な問題解決の方法／平均の意味
6年生	分数の乗法・除法／計算に関して成り立つ性質の分数への適用／文字を用いた式	縮図や拡大図／対称な図形／概形とおよその面積／円の面積／角柱及び円柱の体積		比例の関係／反比例の関係／比	代表値／度数分布／起こり得る場合

態度，算数で学んだことを生活や学習に活用しようとする態度を養う」の３つの目標を示しています。各学年の主な内容は表3-1 のようになります 。

◆算数が苦手な子どもへの支援

算数は教科の中でも苦手意識をもつ子どもの割合が多い科目です。このため算数の勉強に対する心配や不安を抱えている子どもたちも多くみられます。

渡部・佐久間（1998）は算数を勉強していて心配になったり不安になったりしたのはどんなときであったかについて研究し，18項目からなる不安尺度を作成しています。不安な要因として①授業関連不安（例：算数の復習をするように言われたとき・算数の授業が新しい単元に入るとき・算数の授業で前に出て問題の答えを黒板に書くように言われたとき），②問題解決失敗不安（例：答案用紙に空欄があるとき・算数の宿題がよくわからないとき），③対教師不安（例：先生の時間の都合で教え方やしゃべり方が速くなったとき），④対周囲不安（例：算数の問題が解けなくて，周りの子に「解けないんだ」と言われたとき）をあげています。これらの不安は男子よりも女子の方が，また教師のサポート量が多い子どもの方が強くなっていました。これは教師からのサポートが多ければよいわけでは決してないことを示しています。

では具体的にどのようなサポートを小学生は先生に望んでいるのでしょうか。

表3-2 の子どもたちの声からわかるように，子どもは算数がわからなかったときに，先生からヒントを与えてほしい，励ましてほしいと思っていることがわかります。一人ひとりの能力に合わせた丁寧な指導が算数には必要になります。

表3-2　先生に望む算数のサポート（渡部・佐久間，1998 より作成）

• 算数の授業中で問題が半分までわかったのに，後の半分がわからないとき ①先生に解き方のヒントを言ってほしい。 ②先生に「がんばっているね」とはげましてほしい。
• 算数の宿題が出たとき ①先生に教科書のどの部分にヒントが書いてあるかを教えてほしい。 ②「どうしてもわからないところはぬかしていいよ」と先生に言ってほしい。
• 突然，算数のテストをやるとき ①先生に「今日やったところだよ」と教えてほしい。 ②先生に自分の力を出しきるようにはげましてほしい。
• 算数の計算問題の量が多いとき ①できる子には多く，できない子には少なくしてほしい。 ②先生に「あせらないでゆっくりやろう」とはげましてほしい。

24 国　語

◆国語の教育目標

日本では最近，多くの子どもたちが小学校への入学前までには平仮名を読むことができるようになっています。そして成人では文字が読めない人はほとんどいません。一方，総務省統計局（2015）によれば，アフガニスタンの識字率は男性が52.0%，女性が24.2%，マリ共和国の識字率は男性が48.2%，女性が29.2%となっており，まだまだ読み書きが不自由な人が世界にはたくさんいます。国語で学ぶ「話すこと・聞くこと」「書くこと」「読むこと」は，私たちが社会生活を営む上で不可欠な要素であり，小学校のうちから基礎的な知識や技能を国語で着実に学んでいくことは実に大切なことです。

2020年より実施予定の国語の学習指導要領では，「言葉による見方・考え方を働かせ，言語活動を通して，国語で正確に理解し適切に表現する資質・能力を次のとおり育成することを目指す」と目標が述べられています。これまでの国語の学習指導要領では，「A話すこと・聞くこと」「B書くこと」「C読むこと」という３領域と「伝統的な言語文化と国語の特質に関する事項」という内容で構成されていました。しかし新しい学習指導要領では，「知識及び技能」と「思考力，判断力，表現力等」という２つの枠組みが設定されました。そしてこれまでの「A話すこと・聞くこと」「B書くこと」「C読むこと」は「思考力，判断力，表現力等」の中に，「伝統的な言語文化」は「知識及び技能」の中に設定されています。例えば，「伝統的な言語文化」では，１，２年生において昔話や神話・伝承などの読み聞かせを聞くなどして我が国の伝統的な言語文化に親しむこと，３，４年生において易しい文語調の短歌や俳句を音読したり暗唱するなどして言葉の響きやリズムに親しむこと，５，６年生において親しみやすい古文や漢文，近代以降の文語調の文章を音読するなどして，言葉の響きやリズムに親しむことなどがあげられています。

◆読書能力の発達過程

高橋（2001）は，小学生の読解能力の発達的過程について検討しています。その結果，かな単語が読める速度は1年生の段階では平仮名の読みの習得時期によって異なり，この時期の読解能力を規定していますが，学年が上がるにつれて習得時期による違いはなくなり，読解能力への影響力も少なくなっていました。つまり早い段階から平仮名を教える風潮が近年ありますが，早くから教えても，その後の読解能力には影響を与えていないことを本結果は示唆しています。一方，漢字の符号化（文や話レベルでの処理が可能になるように，紙に書かれた文字列を脳内において漢字の符号に変換していく過程）は，5年生の読解能力を規定してはいませんでした。それに対して漢字の知識や語彙数といった語彙能力が低学年から高学年までの読解を規定していました。

このことから小学生の時期には読書を通じて語彙を増やしていくことが，読解の能力を高めることにもつながると高橋は提起しています。最近，大人も子どもも本を読まなくなってしまったと言われますが，子どもに読解力・国語力をつけるには，小さい頃から読書する習慣を身に付けさせることは重要であることがわかります。

表3-3　2020年からの国語科の目標及び内容例（文部科学省，2017a より作成）

目標	•言葉による見方・考え方を働かせ，言語活動を通して，国語で正確に理解し適切に表現する資質・能力を次のとおり育成することを目指す。 (1)日常生活に必要な国語について，その特質を理解し適切に使うことができるようにする。 (2)日常生活における人との関わりの中で伝え合う力を高め，思考力や想像力を養う。 (3)言葉がもつよさを認識するとともに，言語感覚を養い，国語の大切さを自覚し，国語を尊重してその能力の向上を図る態度を養う。			
領域	知識及び技能	思考力，判断力，表現力等		
		話すこと・聞くこと	書くこと	読むこと
1，2年	•平仮名・片仮名を読み書く •配当漢字240字を読み漸次書く •主語と述語 •丁寧な言葉，敬体	•身近なことや経験したことなどから話題を決め，伝え合うために必要な事柄を選ぶこと。	•経験したことや想像したことなどから書くことを見付け，必要な事柄を集めたり確かめたりして，伝えたいことを明確にすること。	•時間的な順序や事柄の順序などを考えながら，内容の大体を捉えること。
3，4年	•配当漢字642字を読み漸次書く •へんとつくり •ローマ字 •修飾と被修飾 •毛筆	•目的を意識して，日常生活の中から話題を決め，集めた材料を比較したり分類したりして，伝え合うために必要な事柄を選ぶこと。	•相手や目的を意識して，経験したことや想像したことなどから書くことを選び，集めた材料を比較したり分類したりして，伝えたいことを明確にすること。	•段落相互の関係に着目しながら，考えとそれを支える理由や事例との関係などについて，叙述を基に捉えること。
5，6年	•配当漢字1026字を読み漸次書く •敬語 •仮名・漢字の由来 •共通語と方言 •古文，漢文や易しい文語調の文章を音読	•目的や意図に応じて，日常生活の中から話題を決め，集めた材料を分類したり関係付けたりして，伝え合う内容を検討すること。	•目的や意図に応じて，感じたことや考えたことなどから書くことを選び，集めた材料を分類したり関係付けたりして，伝えたいことを明確にすること。	•事実と感想，意見などとの関係を叙述を基に押さえ，文章全体の構成を捉えて要旨を把握すること。

25 理　科

◆1，2年生の生活科

平成元年の小学校学習指導要領の改訂の際，発達上の特徴を鑑みて，１，２年生の社会科と理科が廃止され，「生活科」という新しい教科が設置されました。平成29年の改訂では，生活科の目標や内容が改訂され１，２年生ともに共通の目標および内容が設定されています。

教科の目標は「具体的な活動や体験を通して，身近な生活に関わる見方・考え方を生かし，自立し生活を豊かにしていくための資質・能力を次のとおり育成することを目指す」となっています。子どもたちにとって身近な人，社会，自然などから視点を広げていき，様々な分野の知識と体験を広げていく科目となります。生活科の具体的内容項目は図3-1 のとおりです。

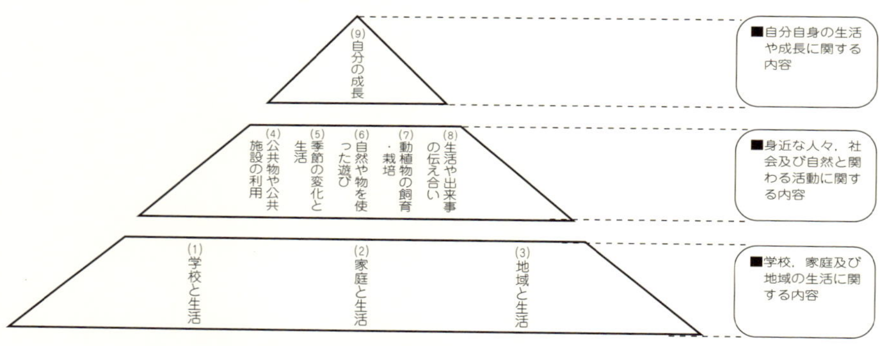

図3-1　生活科の具体的内容項目（文部科学省，2017e より作成）

◆理科

2020年から実施予定の小学校の学習指導要領によると理科の教科目標は，「自然に親しみ，理科の見方・考え方を働かせ，見通しをもって観察，実験を行うことなどを通して，自然の事物・現象についての問題を科学的に解決するために必要な資質・能力を次のとおり育成することを目指す」であり，さらに他教科と同様に，(1)知識及び技能，(2)思考力，判断力，表現力等，(3)学びに向かう力，人間性等，３つの柱に沿った下記の３目標があげられています。

(1) 自然の事物・現象についての理解を図り，観察，実験などに関する基本的な技能を身に付けるようにする。

(2) 観察，実験などを行い，問題解決の力を養う。

(3) 自然を愛する心情や主体的に問題解決しようとする態度を養う。

理科の主な授業内容は表3-4 のとおりです。

3

表3-4　2020年からの３年生から６年生までの理科の主な内容例

（文部科学省，2017c より作成）

	物質・エネルギー	生命・地球
３年生	物と重さ／風とゴムの力の働き／光と音の性質／磁石の性質／電気の通り道	身の回りの生物／太陽と地面の様子
４年生	空気と水の性質／金属，水，空気と温度／電流の働き	人の体のつくりと運動／季節と生物／雨水の行方と地面の様子／天気の様子／月と星
５年生	物の溶け方／振り子の運動／電流がつくる磁力	植物の発芽，成長，結実／動物の誕生／流れる水の働きと土地の変化／天気の変化
６年生	燃焼の仕組み／水溶液の性質／てこの規則性／電気の利用	人の体のつくりと働き／植物の養分と水の通り道／生物と環境／土地のつくりと変化／月と太陽山の噴火や地震／月と太陽

田中（2015）は，子どもが抱く理科に対する興味を分類する研究を行っています。その結果，「実験体験型興味」（例：いろんな器具を使うことができるから・本物を観たり触れたりすることができるから），「驚き発見型興味」（例：実験の結果に驚くことがあるから・実験がビックリするような結果になるときがあるから），「達成感情型興味」（例：わかるようになったときうれしいから・自分で答えを見つけ出したときうれしいから），「知識獲得型興味」（例：いろいろなことについて知ることができるから・新しいことを学べるから），「思考活性型興味」（例：自分で予測を立てられるから・規則や法則の意味を理解できるから），「日常関連型興味」（例：自分の生活とつながっているから・自分が普段経験していることと関係があるから）の６つに分類できると述べています。そして，思考活性型興味と日常関連型興味に高い評価をおく児童・生徒は積極的に学習に取り組んでいると指摘しています。

理科の教科目的は，大人になったときに自らが活動しその中から答えを導き出して問題解決に至る力を養うことでもあります。「なぜだろうか？」という好奇心を引きだす授業が大切になります。

26 社会科

◆社会科の目標

2020年４月から実施予定の社会科の学習指群要領の指導目標は，「社会的な見方・考え方を働かせ，課題を追求したり解決したりする活動を通じて，グローバル化する国際社会に主体的に生きる平和で民主的な国家及び社会の形成者に必要な公民としての資質・能力の基礎を次のとおり育成することを目指す」となっています。2011年に告示されていた社会科の目標では「国際社会に生きる」でしたが，今回は「グロ ーバル化する国際社会に主体的に生きる」という表現に変更されています。 また具体的目標として⑴「知識・技能」⑵「思考力・判断力」⑶「学びに向かう力・人間性等」があげられています。表3-5に３年生から６年生までの社会科の主な授業内容についてまとめておきます。

◆魅力的な社会科の授業

誰にでも好きな科目，嫌いな科目があると思います。ベネッセが2015年に

表3-5　2020年からの３年生から６年生までの社会科の主な授業内容

（文部科学省，2017f より作成 ）

	内　容
3年生	市を中心とする地域社会に関する内容 (1) 身近な地域や市区町村の様子　(2) 地域に見られる生産や販売の仕事 (3) 地域の安全を守る働き　(4) 市の様子の移り変わり
4年生	県を中心とする地域社会に関する内容 (1) 都道府県の様子　(2) 人々の健康や生活環境を支える事業 (3) 自然災害から人々を守る活動　(4) 県内の伝統や文化，先人の働き (5) 県内の特色ある地域の様子
5年生	我が国の国土と産業に関する内容 (1) 我が国の国土の様子と国民生活　(2) 我が国の農業や水産業における食料生産 (3) 我が国の工業生産　(4) 我が国の産業と情報との関わり (5) 我が国の国土の自然環境と国民生活の関わり
6年生	我が国の政治と歴史，国際理解に関する内容 (1) 我が国の政治の働き　(2) 我が国の歴史上の主な事象 (3) グローバル化する世界と日本の役割

教科や活動の好き嫌いを尋ねた調査によると，社会科が全ての教科の中で最も「好き」と回答した割合が低くなっていました（ベネッセ教育総合研究所，2015)。つまり社会科に魅力を感じない子どももかなりいることになります。その理由として，社会科では年号など暗記が多いこと，理科は実験があるのに社会科では体験が少ないので興味がわかないといったことがあげられています。

長谷川（2008）は，社会科が好きな小学生にどんな点が好きなのかを尋ね，社会科好きな子どもには図3-2 に示すような構造があると提起しています。その構造の中核には「興味深い学習課題」があり，その興味が自分で積極的に調べる学習につながっていきます。次に調べてみてわかった学習成果を発表したりグループで話し合っていきますが，このプロセスの中で調べること，つまり知らないことがわかることで「楽しい，おもしろい！　もっと知りたい」という好奇心が喚起されてくるのです。とかく学校では，決まったことを覚えてさえいればテストで点がとれ成績がよい子どもとして高く評価されます。しかし「知への好奇心」のある人は，社会人になってから新しい仕事を発想したりクリエイティビィティの高い仕事ができる人になると考えられます。この点からも，社会科という授業では，教師や指導者がいかに子どもの興味関心をひき出すかを工夫した取り組みを考えていくことが大切になると思います。

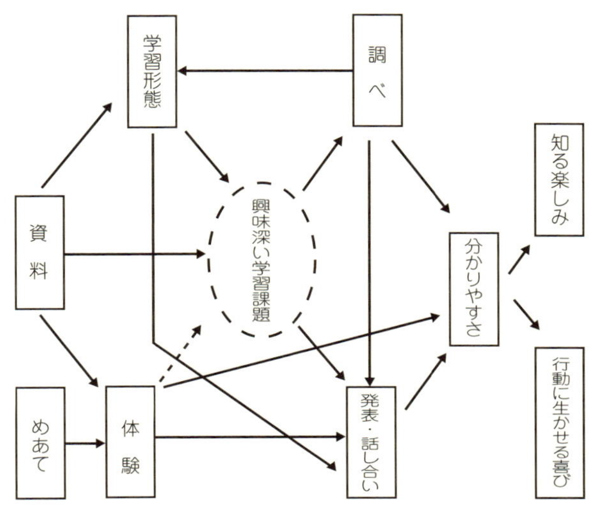

図3-2　社会科好きの理由（長谷川，2008より作成）

27 小学生と英語

◆親が習わせたい習い事の第1位は英語

平成23年度より小学校の5，6年生で年間35時間の「外国語活動」が必修化されました。この外国語（英語）の必修化を受けて私立中学校の受験科目に英語を取り入れる学校もでてきています。そして小学生をもつ親たちは，ともかく子どもを英語塾に行かせたいと躍起になっています。

では小学校の英語ではどのようなことを学ぶことを目標にしているのでしょうか。文部科学省の学習指導要領（平成29年度版）より小学校における外国語（主に英語）の導入のねらいと指導目標をみてみましょう（表3-6）。

実際の授業では，あいさつ・自己紹介・買い物・食事・道案内などの日常生活場面での英語表現を学び，クイズやゲームや英語の歌によって英語に慣れ親しむような内容となっています。

◆英語と日本語の２つの言語習得

大半の日本人は中学から高校までの６年間英語を学んできているにもかかわらず，英語は苦手で全くしゃべれないと嘆きます。ですから親は，我が子には小さな頃から英語を学ばせたいと思うのは当然かもしれません。しかしかつて

表3-6　小学校学習指導要領　第４章　外国語活動（文部科学省，2017 b）

第１　目標

外国語によるコミュニケーションにおける見方・考え方を働かせ，外国語による聞くこと，話すことの言語活動を通して，コミュニケーションを図る素地となる資質・能力を次のとおり育成することを目指す。

(1) 外国語を通して，言語や文化について体験的に理解を深め，日本語と外国語との音声の違い等に気付くとともに，外国語の音声や基本的な表現に慣れ親しむようにする。

(2) 身近で簡単な事柄について，外国語で聞いたり話したりして自分の考えや気持ちなどを伝え合う力の素地を養う。

(3) 外国語を通して，言語やその背景にある文化に対する理解を深め，相手に配慮しながら，主体的に外国語を用いてコミュニケーションを図ろうとする態度を養う。

は2つの言語を同時に学ばせると知能低下や精神的不安定になり，学力不振を招くからよくないと言う人もいました。本当はどうなのでしょうか。

アメリカの教育家であるブルームは大人の知能を100とした場合，1歳までに20%が発達し，4歳頃までに50%，そして中学生頃には90%以上が発達していると指摘しています。そして第2言語を学ばせ始めるのに適切な年齢が2歳頃と述べています。また，聴覚の発達が最も鋭いのは3歳頃と指摘する研究者もいますので，本物の英語を耳からたくさん聞いてその発音をまねして覚えるのには幼児の頃から英語に触れることが大切であるといえます。

もし子どもが母国語以外の外国語が中心である環境の中で生活した場合，会話力はだいたい2年で獲得しますが，外国語で抽象的な思考ができるようになるには5〜7年以上はかかるといわれています。

3

◆日本語をしっかりと学ぶことが英語上達への近道

子どもの頃から英語に慣れ親しみ，英語の環境を整えてあげることが英語が上手になるには大切だと思っている親も多いかと思います。なぜなら，親の海外転勤のために英語圏で育ち帰国した子どもたちは，皆，英語がペラペラなバイリンガルな帰国子女になって帰ってくると信じているからです。ところがバイリンガルな帰国子女にもいろいろなレベルがあって，会話には問題がないが，英語で難しい論文や討議ができるレベルには達していない子どもたちもたくさんいるのです。

トロント大学のカミンズは，「2言語共有説」という概念を提唱し，2つ以上の言語を習得する場合，表記の仕方などが違っていても思考と関係が深い部分は共有していると述べています。子どもが母語（日本語）で上手に作文を書けるようになると，英語でも上手に文章を書くことができるというわけです。ちょっと意外に思われるかもしれませんが，高いレベルの英語を身につけるには，子どもの時期に日本語力をしっかりとつけることが大切といえます。

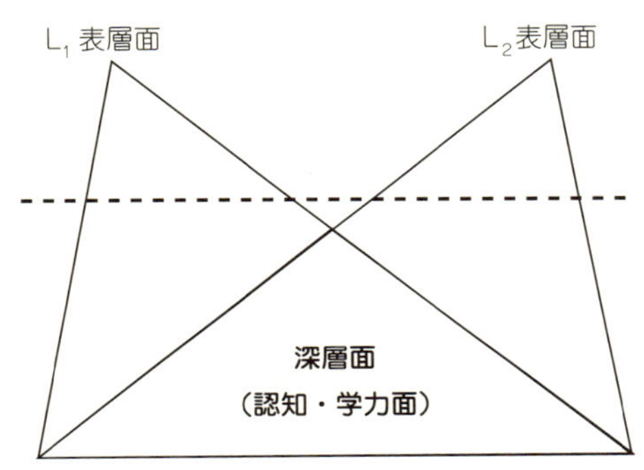

図3-3　氷山にたとえた言語の表層面と深層面

（中島，2010）

28 知能検査

◆知能とは何か

知能の研究は，人相学や骨相学からみた個人差の研究から始まりました。例えばオーストリア人で医師のガルは頭の形の差異と性格との関係を研究し，イギリス人のクームは死刑になった犯罪者の頭蓋骨の計測を行って個人差の研究をしました。さらに知的能力や性格の個人差を研究したのがイギリス人のゴルトンです。彼は1884年にロンドンで行われた万国衛生博覧会において人間の様々な事象（身長・体重・感覚の鋭敏度）を測定する「人間測定実験室」を開設しました。このゴルトンの影響を受けたスピアマンは，1904年に知能の研究に因子という概念を導入しています。彼は小学生に実施した光・重さ・音の弁別テストの結果と学校の各教科の成績との相関関係を調べ，相互に相関が高い共通の一般因子（g因子）とは別に，各教科に特有の特殊因子（s因子）が存在することを発見し，知能の２因子説を唱えました。しかしサーストンは一般因子の存在を否定し，1938年に知能はいくつかの基本的知能因子によって構成されているという多因子説を唱えました。また，ギルフォードは因子分析の手法を使って操作（Operations），所産（Products），内容（Contents）の３次元からなる知能構造モデルを提起しました。

このような流れの中から，近年では，知能（intelligence）とは，①抽象的な思考能力，②学習する能力，③新しい環境に適応する能力と定義されています。知能には，学習能力だけでなく，新しい環境に適応できる能力も含まれているのです。

◆知能テストの誕生

今日の知能テストの礎を作ったのは，フランス人のビネーです。彼は自分の２人の娘に１枚のマロニエの葉っぱを見せて作文を書かせ，姉は観察型，妹は解釈型という思考過程をとっていることを明らかにしました。その後，ビネーの考え方はアメリカのスタンフォード大学のターマンによって標準化され，

1916年，スタンフォード・ビネー検査として発表されました。その時に登場したのが，知能指数（intelligence quotient; IQ）という考え方です。IQは（MA／CA）×100で算出されます（CAは個人の実際の年齢。MAは精神年齢）。

◆WISC-Ⅳ　ウェクスラー式知能テスト

ニューヨークのベルヴュー病院で心理臨床の仕事をしていたウェクスラーは，1939年に個人の知能をとらえるためにウェクスラー＝ベルヴュー知能検査を作成しました。これが最初のウェクスラー式知能検査です。そして現在は第4版となるWISC-Ⅳが使われています。指標得点として表3-7の4つが算出され，全検査IQによってその子どもの知能を測定できます（全検査IQ：全般的な知的発達水準を把握。IQ80～IQ120までが平均内のレベル。IQ70～IQ79は境界線レベル。IQ69以下 遅れが認められるレベルである）。

◆K-ABC（Kaufman Assessment Battery for Children）

1983年にカウフマン夫妻が開発したK-ABC心理アセスメントバッテリーは，認知心理学，脳神経科学の知見を組み入れて作成された知能検査です。2歳半から12歳11カ月までの子どもに使用できます。14種類の下位検査から構成され，習得度尺度と認知処理過程を測定する2つに分けられ，さらに認知処理過程は継次処理能力と同時処理能力に分けられています。

表3-7　WISC-Ⅳの4つの指標とその特徴（David Wechsler, 2010を参考に作成）

①知覚推理指標 積み木模様，絵の概念，行列推理の課題より構成され，視覚的な情報を取り込み，各部分を関連づけて全体としてまとめる能力および非言語による推理力・思考力の程度を測定する。
②処理速度指標 符号，記号の課題より構成され，視覚刺激を速く正確に処理する能力および動機づけ・視覚的短期記憶を測定する。
③言語理解指標 類似，単語，理解の課題より構成され，言語概念形成・言語による推理力・思考力・言語による習得知識の程度を測定する。
④ワーキングメモリー指標 数唱，語音整列の課題より構成され，注意を持続させて，聴覚的な情報を正確に取り込み，記憶する能力を測定する。聴覚的ワーキングメモリー（作業中の一時的記憶保持）注意・集中が含まれる。

29 

学習のプロセス

◆記憶の種類

小学生になると，文字を覚えたり，計算方法を学んだりと様々な学習が始まりますが，子どもはどのようなプロセスを経て記憶し学習していくのでしょうか。記憶とは「記銘・保持・想起（再生・再認）」という３つの過程から構成されている人間だけができる情報処理機能です。

アトキンソンとシフリンによれば，記憶は短期記憶（数十秒ほどの短時間だけ覚えている記憶）と長期記憶（必要な情報を永続的に保持できる記憶。エピソード記憶・意味記憶・手続き記憶）に大別できると述べています。

エピソード記憶：特定の時間，特定の場所で起きた出来事などに関する記憶（例：昨晩食べた夕食のおかず・母親の誕生日・昔の写真を見て友人の名前を思い出す)。加齢による影響が大きい。

意味記憶：誰でもが知っているような一般的な知識の記憶（例：信号機の色が赤ならば止まる・バナナは黄色・イタリアの首都はローマ)。加齢による影響はほとんど受けない。

手続き記憶：自転車に乗る・平泳ぎで泳ぐといったように体で覚えているような記憶。加齢による影響はほとんど受けない。

◆ワーキングメモリと発達障害

短期記憶と似た概念にワーキングメモリ（作業記憶）があります。短期記憶はただ短時間覚えているだけの記憶ですが，ワーキングメモリは計算や漢字を学習する際に，一時的にその情報を保持して同時に処理する能力です。ワーキングメモリのメカニズムについてバドリーとヒッチ（Baddeley & Hitch，1974）は，図3-4 に示すモデルを提示しています。モデルでは，ワーキングメモリは言語的短期記憶（数，単語，文章などの音韻ループを保持する）・視空間的短期記憶（イメージ，絵，位置情報などを保持する）・中央実行系（注意の制御や，処理資源の配分といった高次の認知活動を司る）の３要素から構成

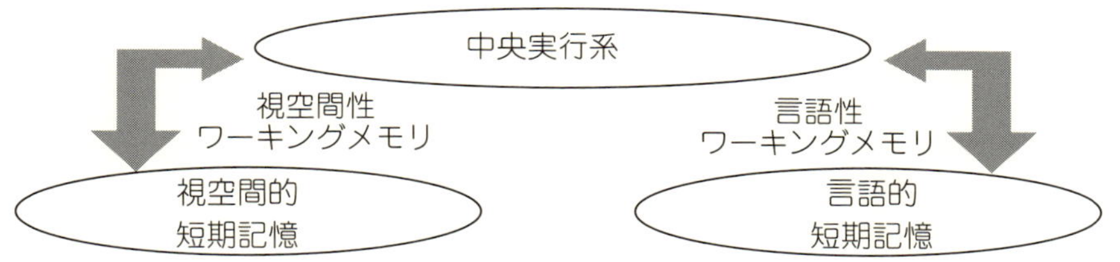

図3-4　ワーキングメモリの機能モデル（Baddeley & Hitch, 1974 より作成）

され，言語的短期記憶と中央実行系の機能を合わせて言語性ワーキングメモリ，視空間的短期記憶と中央実行系の機能を合わせて視空間性ワーキングメモリと命名されています。

最近の研究では，発達障害，特にADHDやLDの子どもの多くがワーキングメモリに問題を抱えていることが明らかになっています。例えばワーキングメモリの小さい子どもは落ち着きのないことが多く，授業に積極的に参加できないために，先生からよく叱られてしまい，徐々に勉強にもついていけなくなり自信がもてなくなっていきます。表3-8 にワーキングメモリの問題をもつ小学生の特徴をあげています。

近年，学習上に困難を生じている子どもの原因として，このワーキングメモリがうまく働かないことがようやくわかってきました。

表3-8　ワーキングメモリに問題がある子どもの特徴（湯澤・湯澤，2017 を参考に作成）

言語性ワーキングメモリに問題がある子どもの特徴
○話し合いのある活動になかなか入れずまた話についていけない ○作文や日記を書くのが苦手 ○国語の時間，読解問題につまずく ○算数の時間，文章題につまずく
視空間性ワーキングメモリに問題がある子どもの特徴
○体育の時間，ラジオ体操やダンス等の一連の動作を，覚えるのが苦手 ○理科の時間，複数の実験器具を操作しながら実験を行うのが苦手 ○算数の時間，図形の展開図が理解しにくい ○生活科の時間，地図を使って学校探検や商店街調べを行うことが難しい

30 小学生と読書

◆活字離れの実態

最近は，日本人の活字離れが進んでいると言われています。文化庁が全国の16歳以上の男女3,000人を対象に実施した平成25年度「国語に関する世論調査」では，マンガや雑誌を除く１カ月の読書量が「１，２冊」が34.5%，「３，４冊」は10.9%，「５，６冊」は3.4%，「７冊以上」が3.6%でしたが，「読まない」が最も多く47.5%になっていました。この結果からも日本人の大人は読書しなくなったといえるのではないでしょうか。

では子どもたちの読書の状況はどうでしょうか。2013年に独立行政法人国立青少年教育振興機構が公表した「子どもの読書活動の実態とその影響・効果に関する調査研究」によれば，小学校１，２年生は１カ月の間に平均約16冊（平成23年）の本を読んでいますが，その数値は学年が上がると下がっていくことがわかります（図3-5）。

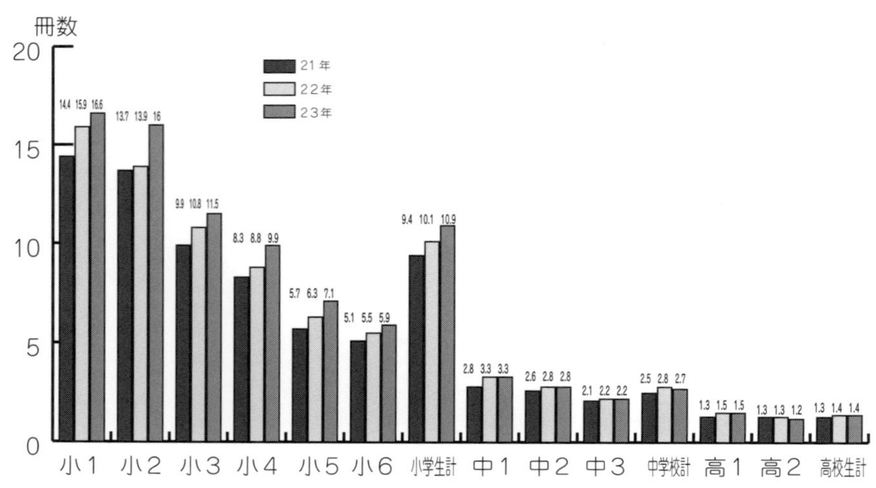

図3-5　学年別，１カ月の平均読書冊数（独立行政法人国立青少年教育振興機構，2013より作成）

◆読書をするとなぜよいのか

では，読書の効果はどんな点にあるのでしょうか。読書は正しい言葉やその用法を知る手段です。文章の理解力および語彙力はあらゆる面に影響を及ぼす要素であり，この2つの力をつけるのに読書が一番有効であると考えられます。

猪原ら（2015）は，日本人の小学生を対象に読書が文章理解と語彙力と関係しているか研究しています。その結果，低・中・高学年のいずれの学年においても読書量は語彙力および文章理解との間に関連性があることが確認されています。つまり本を多く読む小学生は語彙力があり文章理解力もあるという結果がでたのです。やはり子どもの頃から本を読むことはその後の国語力やその他の教科の学習面でも良い影響を与えるといえそうです。

また先述の「世論調査」では，子どもの頃読書に熱心に打ち込んだ人ほど未来志向・社会性・意欲・関心・市民性などの面において意識や能力が高いこと，小学校に入る前から読み聞かせや絵本を読む習慣があった人は教養に富んでいることが報告されています。さらに佐々木（1998）は，読書量の多い子どもは友だちに対する思いやりの気持ちが強いことを明らかにしています。

◆どうすれば読書好きの子どもになるのか

読書は，子どもに語彙力や文章理解力をつけ，学習面や社会性に好影響を与えるとなれば，親は子どもに読書をさせたいとますます思うのではないでしょうか。では，どうすれば子どもを読書好きにさせることができるのでしょうか。

日本では2000年の「子ども読書年」を機に，乳幼児健診などで絵本とメッセージを添えたバッグを手渡す活動が多くの市町村で展開されています。森ら（2011）はこのブックスタートを経験した保護者は図書館利用頻度が高く，小学1年生時点の読書経験が多いという結果を報告しています。すなわち幼児期から親が絵本の読み聞かせなどをすることが，本好きにさせるのにつながると考えられます。小学生ぐらいの子に「本を読みなさい」と言っても，義務的に本を読まされているという気持ちになってしまいます。ですからおもしろい映画や漫画・ゲームの原作本を薦めるのも効果的です。ゲームや漫画ばかりで全く読書をしないと嘆く親は大勢いますが，そういう親自身は読書しているでしょうか。先述の「世論調査」では16歳以上で1カ月に1冊も読書しない人は5割に迫っていました。子どもは親の背中をみて育つと言います。読書好きの子どもに育てるにはまず，親自身が本を読む姿を子どもに見せることが大切です。

31 小学生とやる気

◆やる気とは何か

子どもに「さっさと宿題をやりなさい」と声をかけても，ゲームや漫画に夢中になっていてやろうとしなかった場合，「うちの子は，全くやる気がなくて困る」と親は思うのではないでしょうか。大人からみてやる気のある子どもかどうかは，勉強の出来不出来によって判断されがちです。学校の成績の良い子はやる気があったからであり，悪い子はやる気がなかったからだと考えられてしまいます。

心理学では「やる気」は達成動機の研究として論じられています。達成動機の研究者として有名なアメリカ人の心理学者マレーは，難しいことでも高い水準をめざして自分の力でやり遂げ，それにより自尊感情を高めることを達成動機と考えています。例えば水泳のクロールで25m泳げるようになったら，次は50mを泳げるようになりたい，もっと速く泳げるようになりたいという気持ちを多くの人はもちますが，その目標にむかって努力していく気持ちや意欲が達成動機だといえます。

◆外発的動機づけ vs 内発的動機づけ

では，どうしたら小学生の達成動機をうまく働かせることができるでしょうか。何かに取り組む場合，人には２つの動機づけがあります。その１つが外発的動機づけ，もう１つが内発的動機づけです。外発的動機づけは，親から「次の算数テストで100点とったらテーマパークに連れて行ってあげるよ。でも取れなかったら連れて行ってあげない」のようにご褒美や罰により子どもをやる気にさせようとする考えです。それに対し内発的動機づけは，親からの賞罰にかかわらず自分の中から湧き出てくる知的好奇心や意欲から行動をとろうとする考え方です。虫や植物に関心をもった子どもは，自ら図鑑を見て虫の名前や植物の特徴を知ろうと夢中になります。つまり自分の中に芽生えた「知りたい」という思い（内発的動機）が本物のやる気をひき出してくれるのです。

◆やる気をひき出す方法

①感情を揺さぶる体験をする

アメリカの心理学者マクレランドは，やる気を引き起こすためには子どもでも大人でも「心の内側から感情が揺さぶられること」が大切だと述べています。感情が揺さぶられる程度は，その経験以前の先行経験が関与し同時にその先行経験が快・不快のどちらの感情であったかによって決まってくるとしています。例えば小学生の子どもが描いたお正月の絵が，地域の絵の展覧会で賞をとったとしましょう。家族で祝ったお正月の食事のときの楽しかった思い出が，すばらしい絵に表現されてきたと考えられます。まさにその体験に心を揺さぶられたからこそ描けた絵だったのです。このことから子どものやる気を引き出すには，机上の勉強だけではなく，様々な自然体験や日常生活での体験が大切であることがわかります。

②子どものレベルにあった適切な課題を選ぶ

アトキンソンは，課題遂行するときに人はうまくやりたいという気持ち（成功達成動機）と失敗したらどうしよう（失敗回避）の気持ちが働くといっています。例えば，アトキンソンは子どもに輪投げのゲームの実験をしています。成功達成動機が低く，失敗回避欲求の強い子どもは，近いところから投げる，あるいは極端に遠いところから投げるという難しい課題を選択していましたが，成功達成動機が強く失敗回避欲求が弱い子どもは，入る確率が最も高そうな適度に困難な課題を選択していました。このことから考えると，小学生の子どもに算数の計算問題をさせる場合でも，極端にやさしい問題や難しい問題をやらせるよりも，その子どもに適した難度の計算問題を選んでやらせることが，やる気を起こすコツになります。

③知的好奇心を刺激する

子どもが自ら取り組もうとするには，知りたい，見てみたい，触ってみたいなどの好奇心が原動力になります。この好奇心についてバーラインは，拡散的好奇心（例：新しいことに挑戦することは好きだ・どこに行っても新しい物事や経験を探す）と特殊的好奇心（例：はっきりとした明快な答えが出るまではずっと考える・予期しない出来事が起きたとき原因がわかるまで調べる）の2つがあるとしています。また，日本では西川・雨宮（2015）が「知的好奇心尺度」を開発しています。私たちは，子どもの「なぜ」に対し真摯に向き合い好奇心をもった子どもに育つように支援していく必要があります。

32 小学生の学習に関する国際比較

◆学習時間の比較

小学生になれば皆，なんらかの宿題を家でやるようになります。ベネッセ教育総合研究所が行った世界６都市（東京，ソウル，北京，ヘルシンキ，ロンドン，ワシントンDC）の「子どもたちの学び」調査（2007）では，各都市の10〜11歳（日本の小学５年生に相当）を対象に平日の学習時間や宿題にかかる時間を調査しています（図3-6）。それによると東京は６か国の中で最も宿題に時間をかけていないことがわかります 。

平日の宿題以外の学習時間をみると，ヘルシンキ，ロンドン，ワシントンDCの小学生は，60〜70分程度の学習をしており，そのうち40〜50分が学校の宿題の時間になっています。これは学習時間の６〜７割の時間に相当し，宿題を中心とした学習をしていると読み取れます。それに対しアジア３都市は，全体に学習時間が長くなっています。特にソウルの学習時間は最も長く145.8分，続いて北京は131.6分，東京は101.1分となっていますが，これは学習塾に行って勉強する時間が影響していると考えられます。今回の調査対象国における小学生の通塾率は，東京51.6%，ソウル72.9%，北京76.6%となっています。韓国では通塾者のうち「５日」以上通塾している小学生が73.0%と，他の５都市と

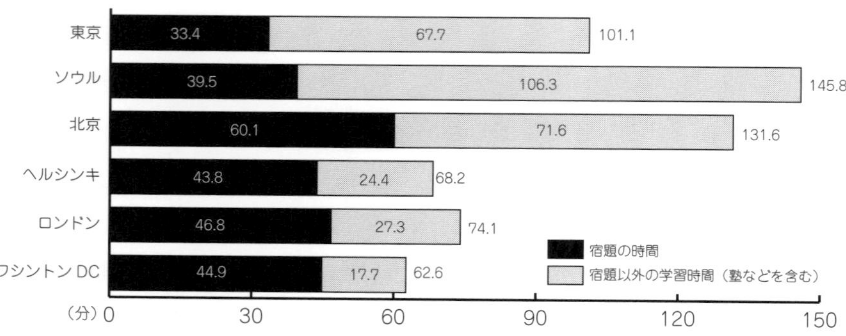

図3-6　平日の学習時間（ベネッセ教育総合研究所，2007より作成）

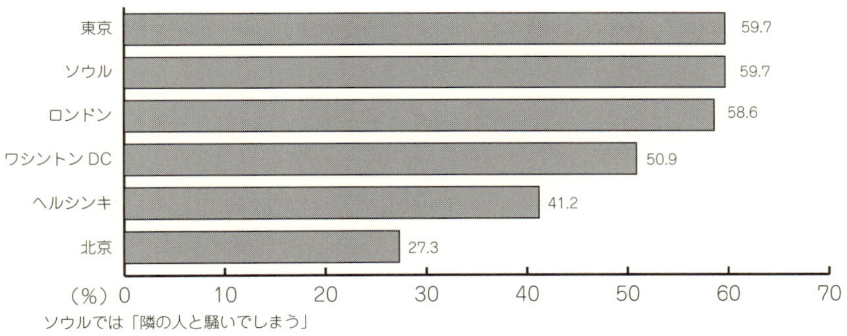

図3-7　近くの人とおしゃべりをする子どもの割合(%)（ベネッセ教育総合研究所, 2007より作成）

比べ顕著に高く，学校外の時間の大半を学習塾に費やしているといえます。

また中国の北京の学習時間も長くなっています。同調査の中の質問に「授業中に「近くの人とおしゃべりをする」というものがあります（図3-7)。その結果をみると北京の小学生は27.3%と一番数値が低く，日本と韓国の小学生の数値が共に59.7%と高くなっています。中国では授業中の私語は少なく授業に集中し熱心に勉学に励んでいる小学生が多いようです 。

◆理科と算数の国際比較

2015年に実施された小学４年生と中学２年生が対象の国際学力テスト「国際数学・理科教育動向調査」(TIMSS, 2015）によれば，日本は小学校の算数と理科および中学校の数学と理科の４教科の平均点でいずれも1995年の調査開始以来，過去最高得点を記録しました。中２理科の国際順位は前回から２つ上がって２位となり４教科で全て５位以内に入りました。このTIMSSは４年ごとに行われ2015年は50カ国・地域の小学校と40カ国・地域の中学校が参加し，日本では小中学生計約9,100人がテストを受けました。シンガポールは小中学校の全ての教科でトップで，韓国や台湾，香港などアジアの国・地域が上位を占めています。テストを受けた小４は小１から「脱ゆとり教育」で授業時間が増えた子どもたちであり，中２も先行実施された現行学習指導要領で小３から学んできた子どもたちです。こうした指導改善が理科の成績が上がったことに関連していると文部科学省は分析しています。一方「算数・数学や理科の勉強は楽しい」と考える子どもは増加傾向にありました。算数・数学が楽しいと答えた小４は2003年の65%から今回は73%に，中２は39%から48%に増加傾向にありますが，中２は国際平均（71%）と比べて低い傾向が続いています。

4　子どもの生活

33 小学生と自然体験

◆自然体験

子どもが心身の健全な発達を遂げていくには，学校での勉強以外に様々な体験活動をすることがとても大切です。その体験活動は，生活・文化体験活動，自然体験活動，社会体験活動の３つに大きく分類できます。「青少年の体験活動等に関する実態調査（平成24年度調査）」（独立行政法人国立青少年教育振興機構，2014）の中で，子どもの自然体験・社会体験の頻度が記載されています（図4-1）。例えば「海や川で泳いだこと」や「夜空いっぱいに輝く星をゆっくり見たこと」を体験した子どもは80％以上いましたが，「キャンプをしたこと」「ロープウェイやリフトを使わずに高い山に登ったこと」を経験したことがある子どもは60％以下になっていました。また，生活体験については，「タオルやぞうきんを絞ったこと」は，ほとんど全員が体験していましたが「赤ちゃんのおむつをかえたり，ミルクをあげたこと」が「ほとんどない」と回答した子どもは約70％いました。少子化によりきょうだいの数も少なくなってしまった最近の日本では，幼い子どもの世話をする機会が減ってきていることがわかります。

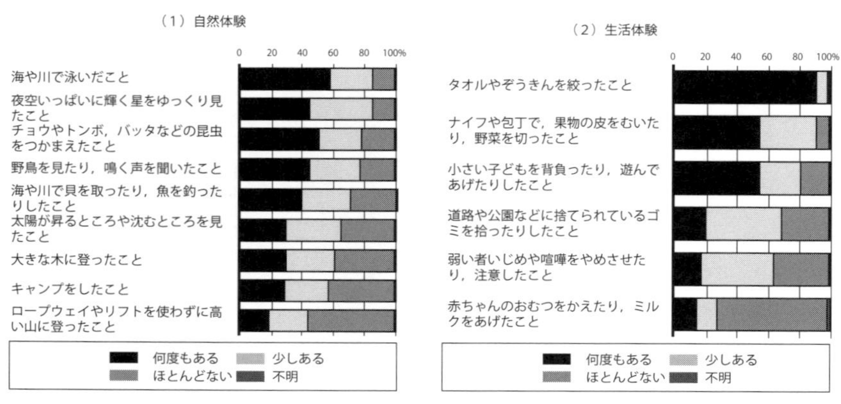

図4-1　自然体験および社会体験の頻度（独立行政法人国立青少年教育振興機構，2014より作成）

◆自然体験が子どもに与える影響

自然体験活動は子どもの成長にどのような影響を与えるのでしょうか。図4-2 より子どもの頃，自然体験を多くした人は，「意欲・関心」（もっと深く学んでみたい・なんでも最後までやり遂げたい）が高く，友人と遊んでいた人は「規範意識」（電車やバスでお年寄りや身体の不自由な人に席を譲ろうと思う）が高くなっていました。さらに地域活動を子どもの頃に多く行ってきた人は，職業意識が高くなっていることがわかります。つまり，勉強以外に自然に触れ合い友人と関わって地域活動をしてきた子どもは，大人になってからやる気や物事への関心が高くなっているといえます。

谷井・藤原（2001）は野外での自然体験の効果として「自己判断力」（例：脱いだ服や持ち物はきちんと整理できる），「自然への感性」（例：自然の中の活動は気持ちがいい），「リーダーシップ」（例：何かやろうとするときリーダーになる），「対人関係スキル」（例：新しい友だちを簡単に作れる），「自己成長性」（例：できないことがあるとできるようになるまで努力する）という要因を提起しています。また佐伯ら（2006）は，自己肯定感や自己効力感の高い小学生は，自然体験を多くしていると報告しています。このことから自然体験を小学生の時代にたくさんすることは子どもの発達に有益であることがわかります。近年，自分の考えをうまく相手に伝えられずに対人関係に悩む大人が増えてきています。円滑なコミュニケーションがとれる大人になるためにも，小学生の頃からキャンプなどの様々な自然体験をすることは大切です。

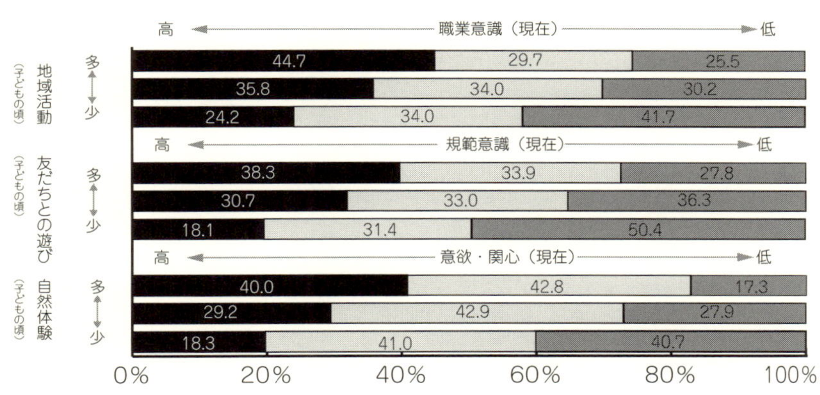

図4-2　子どもの頃の体験と大人になってからの意欲関心との関係

（独立行政法人国立青少年教育振興機構，2010 より作成）

34 小学生と遊び

◆外遊び

子どもは遊びの中で社会性・自立性・知的能力・運動能力・情緒などを発達させていきます。例えば遊んでいて友だちと喧嘩になったとき，そのやり取りの中で我慢や相手の気持ちを理解することを学んでいきます。「遊び」の語源は「のんびりする」ですが，最近の小学生は習い事や塾通いに忙しく，のんびり友だちと遊ぶ時間がないのが実情です。

村瀬・落合（2007）は，子ども世代（４年生1,928人と６年生1,824人）と親世代Ⅰ（20代～30代の保護者と教員3,127人）および親世代Ⅱ（40代～50代の保護者と教員3,092人）の３世代間で外遊びの日数がどう異なっているか検討しています（図4-3）。その結果，子ども世代は親世代Ⅰ・Ⅱに比べ顕著に外遊びが少ないことがわかります。とくに女子にその傾向は強いようです。

では，小学生はどんなことをして遊んでいるのでしょうか（表4-1）。男女共に小学生に人気の遊びは「携帯型ゲーム」で男子53.7%，女子46.2%があげています。男子の２位は「テレビゲーム」ですが，３位「サッカー」，５位「おにごっこ・かくれんぼ・どろけい」といった外遊びが入っています。女子の２

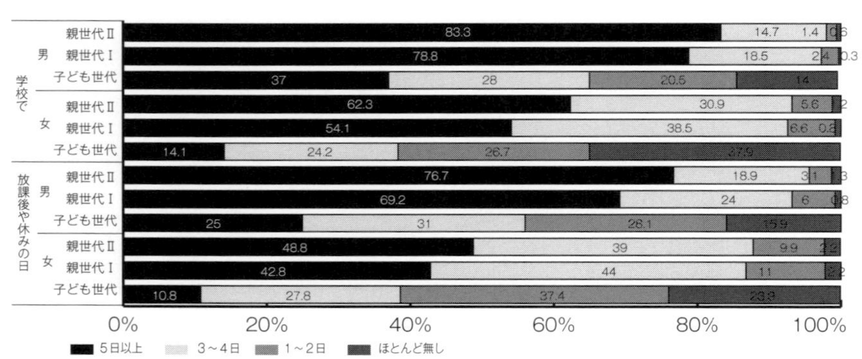

図4-3　外遊びの日数の世代別比較（村瀬・落合，2007より作成）

表4-1　男女別よくやる遊び（3つまでの複数回答）（学研教育総合研究所，2010 b より作成）

	第1位	第2位	第3位	第4位	第5位
男子	携帯型ゲーム 53.7%	テレビゲーム 46.2%	サッカー 27.2%	カードゲーム 24.2%	おにごっこ・かくれんぼ・どろけい 17.8%
女子	携帯型ゲーム 46.2%	お絵かき 42.7%	テレビゲーム 32.3%	読書 26.8%	自転車・一輪車 24.0%

位は「お絵かき」，4位「読書」となり，室内で静かに遊ぶ傾向があるようです。

◆世界の子どもの遊び

世界には，その国で親から子へと伝承されていく様々な遊びがあります。例えば韓国では，「ユンノリ」（日本の双六に似た遊びで，サイコロの代わりに「ユッ」という4本の木の棒を投げる）や「チェギチャギ」（日本の蹴鞠に似た遊び），オランダ「ヒンケレン」（日本の石蹴りと大変よく似た遊び），アメリカ合衆国「ダック　アンド　グース」(ハンカチ落としに似た遊び)，インド「カバディ」（鬼ごっこで国際ルールのあるスポーツ）などがあげられます。また遊びの順番を決めるときによく使う「ジャンケン」ですが，日本と同じような3種類（グー・チョキ・パー）のジャンケンと5種類のジャンケン（例：マレーシアでは板（手のひらを下に向ける）・水（手のひらを上に向ける）・小鳥（指先をつぼめる）・石（手のひらを下にして握る）・てっぽう（親指と人差し指を伸ばして鉄砲の形をする）があります。小学校では国際理解教育の中で「世界の存在に気づき，世界に対する興味や関心を育てる」というねらいがありますが，世界の遊びを子どもたちで体験したりする活動も取り入れています。

◆学童保育での遊び

働く母親の増加や核家族化に伴い，学童保育に通う小学生は年々増加傾向にあります。学童保育では「遊び」は活動の大きな柱です。学童での遊びの目的は参加する小学生が，安心感を得られる環境で，支援員の先生からの助言・提案を受けながら積極的に活動できることにあります。活動内容や教材も工夫されていることが多く，最近の子どもたちがやる機会の少ない伝承遊び（例：かるた・凧揚げ・コマ）や年中行事（例：七夕・餅つき・ひな祭り）なども体験できます。そうした活動を異年齢の子どもたちと一緒にすることは，きょうだいの少ない現代の子どもたちの成長にとって大切な経験です。学校以外で，子どもが自分の良さに気づき，自尊感情を高めていける学童保育という居場所は，今後，ますます重要になっていくのではないでしょうか。

35 

小学１年生の問題

◆小１の壁

保育園に通園する子どもの数は幼稚園に通う子どもの数よりも多くなり，今や子育てをしながら働くことが当たり前の時代になってきました。しかし多くの子どもが待機児童となっており，保育園不足が大きな社会問題になっています。このため多くの母親たちは出産後すぐに，育休明けから預けられる保育園探しを始めているという状況です。そうして，ようやく入園できた保育園であっても，子どもが保育園から小学校に上がる際に表4-2 に示すような「小１の壁」という新たな問題が出てきています。「小１の壁」とは，子どもが保育園から小学校に上がる際に子どもを安全に預かってくれる場所がなくなってしまうことにより直面する様々な問題のことをさしています。

表4-2　年間を通して起こる小１の壁の例（キッズベースキャンプ，2011 より作成）

春	・入学後，一週間は給食が始まらず，お昼には帰ってきてしまう。 ・学童保育の中には４月１日から利用できないところがある。 ・保護者会，引き取り訓練，PTA活動など保護者が参加しなければいけない行事が多い。
夏	・学童保育では昼食がついていないことが多いため夏休みはお弁当を作らなくてはならない。 ・定員の問題で“長期休みだけの利用”ができない学童保育が多い。
秋	・行事が多く，仕事の調整が難しい。 ・日が短くなり，小学校，学童保育から一人で帰らせるのが心配。
冬	・インフルエンザなどで学級閉鎖になった場合，預け先がない。 ・新しい習い事，塾などを始めたいが，送迎の時間が取れない。
学童保育	・公的な学童保育では通常18時で終わってしまうところが多い。 ・保育園より預かり時間が短く子どもが家で一人で過ごすことが多い。 ・入所資格制限（就労証明）が必要な施設も多く，フリーランス，非正規で勤務している保護者は預けることができないケースがある。

◆小１プロブレム

小さな体に大きなランドセルを背負って小学校に入学してきた１年生の中には，最近，集団行動が取れない，授業中に座っていられない，先生の話を聞かない，といった子どもたちが増加傾向にあります。こうした状態を「小１プロブレム」と呼んでいます。

「平成22年度　小１問題・中１ギャップの実態調査について」（東京都教育委員会，2011）によると，都内の公立小学校1,308校の校長にアンケートを実施したところ，19.0％の学校で「小１プロブレム」が発生しているとの回答がありました。この数値は約５校に１校の割合でこうした状況が起きていることを示しています。また子どもの不適応状況の71.8％は４月に発生していますが，調査を実施した11月でも56.7％がまだ混乱状態だと回答していました。

では，このような「小１プロブレム」の原因はどこにあるのでしょうか。表4-3 にあげた原因をよくみてみると，学校との連携問題，現代の子どもの特性や家庭のしつけ問題などが原因として考えられます。

小学校へスムースな移行を行うために，幼稚園・保育園そして小学校が連携し独自のカリキュラムを実施する自治体も増えてきています（例：小学校で給食を食べたり，小学生との交流を行ったりして，小学校への滑らかな接続を目指すなど）。表4-3 に示した原因への対策を講じながら１年生が早く小学校に順応できるように考えていく必要があります。

4

表4-3　小１プロブレムの原因と考えられる例

1	保育園・幼稚園といった自由な環境から，規律や時間を守らなければいけない自由度の少ない環境への移行がむずかしい子どもが増加している。
2	小学校は幼稚園や保育園に比べるとストレスフルな環境だが，それに耐えるだけの精神的な強さが育っていないまま小学校に入学してきている。
3	近年，核家族化により祖父母や親戚と触れ合う時間が減り，地域の人間関係も希薄になってきているため，子どもの社会性が育ちにくい環境にある。
4	保育園・幼稚園ではチャイムの合図によって行動はしないが，小学校ではチャイムと時間割によって行動をする。また，椅子にじっと 45分座っている訓練を受けていないので，小学校のペースに適応できない。
5	基本的な生活習慣が身についていない。
6	共働き家庭が増えてきており母親も忙しいため，子どもへの関心が低くなってきている。その結果，子どもに宿題をやらせなかったり，学用品の準備ができていなかったりする。

36 放課後児童クラブ

（学童保育）

◆放課後児童クラブとは

「放課後児童クラブ」は，一般的に「学童保育」と呼ばれている施設で，正式名称は「放課後児童健全育成事業」となっています。小学校に就学していて，その保護者が労働，疾病，介護などにより昼間家庭にいない子どもが対象となる施設です。放課後児童クラブの目的は，放課後の時間帯に適切な遊びや生活の場を提供して子どもの状況や発達段階をふまえ，子どもの健全な育成を図ること，そして学校や地域および保護者と連携して，子どもの育成支援ならびに各家庭の子育てを支援することです。小学校低学年の子どもが学校にいる時間は，年間約1,200時間。これに対し，長期休みなども含め放課後に過ごす時間は，年間約1,600時間になり，放課後に過ごす時間は，学校にいる時間よりも，年間約400時間も多くなります。かつては，子どもたちは放課後に，家庭や地域社会において，基本的な生活習慣，生活能力，他人に対する思いやりや善意の判断，自立心や自制心，社会的なマナーなどを身につけていました。しかし近年，核家族および共働き世帯の増加により家庭や地域社会といった“学校外”での子どもの教育機能が低下してきています。このような社会環境の変化によって，情操教育の育成にとって大切な時期である小学生の“放課後の充実”が重要となってきているわけです。つまりこれまでの家庭や地域社会にかわり，学童保育が子どもの成長・発達を促すために担う役割は非常に重要になってきていると考えられます。

◆これからの学童保育

一口に学童保育と言っても，子どもを預ける時間，場所や費用によっていくつかの種類があります。これまでの多くの放課後児童クラブは，自治体による直営か，行政からの補助金を受けながら運営されており，その数は2015年に全国に2万2,608か所と過去最多となりました。また学童に入れない待機児童も，16,941人で過去最多となっています（図4-4）（厚生労働省，2015）。女性の社会進出が進み，ライフスタイルも多様化し，共働き世帯，ひとり親家庭が年々増える中で，放課後児童クラブでも，保育園と同様に待機児童問題が発生しており，統計データには表れない「潜在的な待機児童」は数十万人とも推測されます。

現在，政府は共働き家庭などが利用しやすいように「小１の壁」（76ページ参照）への対応を進めるとともに，学童保育施設の拡充とさらなる保育の質の向上を目指しています。次世代を担う人材を育成するために，全ての就学児童が放課後を安全・安心に過ごし，多様な体験・活動ができるように，公共の場（学校の放課後の空いた時間と場所など）を一体化した放課後児童クラブの計画的な整備を進めています。そして2019年末までに放課後児童クラブで受け入れられる子どもの人数を約30万人増やすことを目標としています。

また，学童保育のニーズが高まる中で，公的サービスでは質的・量的にも完全に対応できないため，そのニーズに応えるために登場してきたのが「民間学童保育」です。都市部を中心に，異業種企業が参入しサービスの多様化が進み広がりをみせています。例えば民間学童保育の市場を切り開いたといわれる株式会社キッズベースキャンプは，2006年９月に東京都世田谷区に１号店を開設しています。現代の親たちのニーズに対応して最長22時までの延長利用，食事の提供，学校や自宅，最寄駅までの送迎サービス，人間力を育成する多彩なイベントプログラムなど利便性や安全面のサービスが充実した新しい形の学童保育を提供しています。

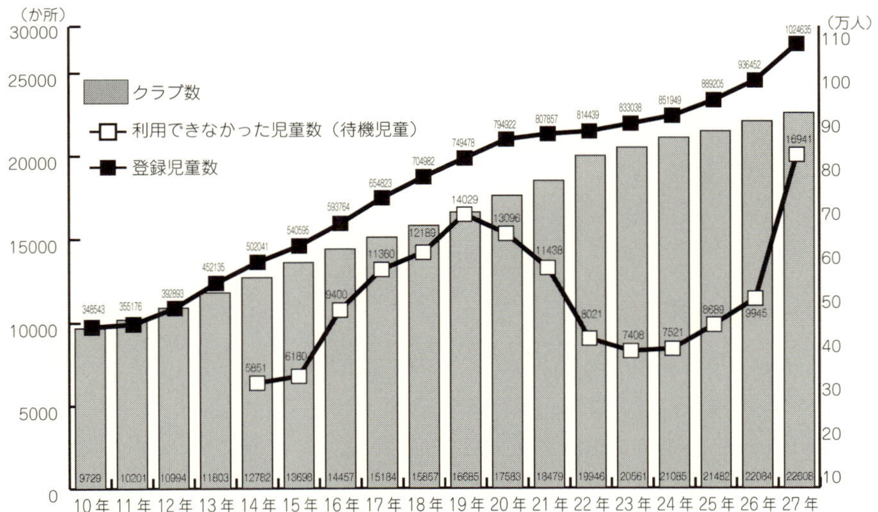

図4-4　学童保育における待機児童数の推移（厚生労働省，2015）

37 小学生の身体的成長と肥満

◆身長と体重の変化

平成29年４月１日現在における子どもの数（15歳未満人口）は，前年に比べて17万人少ない1,571万人で，昭和57年から36年連続の減少となり，過去最低となりました。男女別では，男子が805万人，女子が767万人となっており，男子が女子より38万人多く，女子100人に対する男子の数（人口性比）は105.0となっています（総務省統計局，2017）。

少子化傾向にある現代の子どもたちの小学生の身長と体重の変化をみてみましょう。「学校保健統計調査」（文部科学省）によりますと，戦後の昭和23年の５歳男子の平均身長は，103.7cm，女子が102.5cmでしたが，平成27年の５歳男子は110.4cm，女子は109.4cmに伸びていました。そして11歳になると昭和23年の男子が130.4cm，女子が130.8cmですが，平成27年の男子は145.2cm，女子が146.7cmとなっています。また17歳の高校生男子の平均身長を昭和23年と平成27年とを比較してみると，昭和23年が160.6cmでしたが，平成27年には170.7cmと10cmも平均が上がっていることがわかりました。かつて日本人は背が低いと言われてきましたが，平均で170cmを超えてきており，もはや日本人は小さいとは言われなくなりそうです。

次に体重の変化では，平成27年度の５歳男子の平均体重は18.9kg，女子は18.5kg，11歳の男子の平均体重は38.2kg，女子が38.8kgとなっており，男女ともに小学生の間に約20kg体重が増加することがわかります。

◆肥満児の増加

近年，肥満児が問題になってきています。表4-4からも昔に比べ現代の方がはるかに肥満傾向の子どもが増加傾向にあることがわかります。

さらに図4-5から読み取れるように，都市の規模が大きくなるほど，痩身の男女の割合が高く，都市の規模が小さくなるほど肥満の割合が高くなることは興味深い結果です。地方では，どこに行くにも親が運転する車で移動することが多く，子どもが運動不足になってきていることが懸念されていますが，そうした子どもの置かれている環境が肥満と関連しているのではないでしょうか。

肥満や痩身傾向にある子どもの生活習慣を研究した大須賀（2013）によると，「よくかんで食べない」「毎日テレビを２時間以上見る」という傾向が共に高かったことが明らかになっています。肥満と痩身とは逆の関係ですが，原因として同じ生活習慣が関わっていることになります。

肥満はその後の様々な健康問題の原因ともなっていきます。子どもの頃の肥満を見すごさずに早目の対応をする必要があります。

表4-4　肥満児出現率の推移（社会福祉法人恩賜財団母子愛育会愛育研究所，2016 より作成）

区分		昭和55年	平成２年	12年	17年	22年	24年	25年	26年
肥満傾向児 上段：男子 下段：女子	6歳	2.64	3.98	5.04	4.54	4.46	4.09	4.18	4.34
		2.73	4.32	4.57	4.83	4.23	4.37	3.91	4.15
	8歳	4.90	6.46	8.08	7.58	7.20	7.13	7.26	7.57
		5.03	6.26	7.27	7.12	6.90	6.09	6.31	6.24
	10歳	6.86	8.93	10.43	9.74	10.37	9.86	10.9	9.72
		6.78	7.38	9.45	9.20	8.13	7.73	7.96	8.40
	12歳	7.48	9.64	11.28	11.23	10.99	10.67	10.65	10.72
		7.30	8.34	10.05	9.56	8.92	8.64	8.54	7.97
	14歳	6.07	8.64	9.33	9.58	9.37	8.43	8.27	8.16
		5.75	6.77	7.86	7.66	7.89	7.36	7.42	7.68
	16歳	…	…	…	…	11.57	10.25	10.46	10.16
		…	…	…	…	7.81	7.74	7.66	7.44

※数値は文部科学省「学校保健統計」による

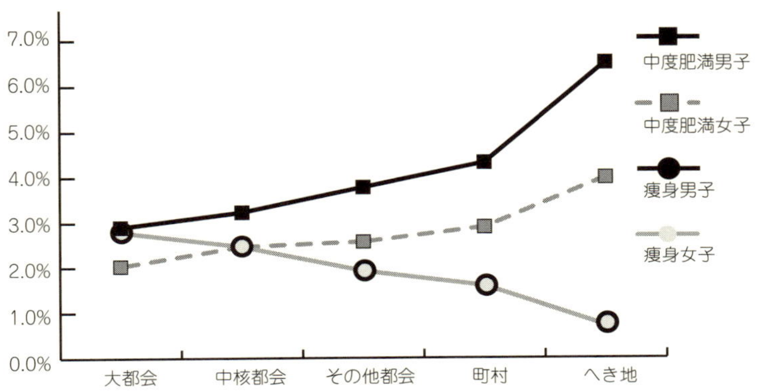

図4-5　地域別，肥満児傾向の子どもの割合（文部科学省，2014）

38 小学生と携帯電話・インターネット

◆小学生の携帯電話所有率

かつて子どもの長時間のテレビ視聴やゲームが問題になっていました。しかし近年は，子どもと携帯電話やインターネットといったソーシャルメディアが問題になっています。2015年の小学６年生の携帯電話・スマートフォンの所有率の全国平均は58.0%で，2014年の53.7%から4.3%増加しており，今や小学６年生の２人に１人は携帯電話かスマートフォンを持っていることになります。2015年に所有率の高い都道府県は１位が東京68.1%，２位神奈川66.8%，３位大阪65.6%，４位沖縄61.6%ですが，低い県は46位長野43.5%，47位秋田43.1%となっています（都道府県別統計とランキングで見る県民性ホームページより）。携帯電話の所持率は通塾率と高い関連を示しており，塾に通う子どもとの連絡用に携帯電話を持たせる親が多いことと関連しているようです。

◆携帯電話への依存

警視庁は2015年に子どもの携帯電話やインターネット利用について都内の小中高生3,116名と保護者2,108名にアンケート調査を実施しました。その調査結果の１つに子どもの携帯依存の問題があります。調査では表4-4のような項

表4-4　携帯電話への依存チェック項目（警視庁少年育成課少年相談係，2015より）

①携帯電話が手元にないと不安になる
②食事をしながら，携帯電話をいじる
③友達と遊んでいても，携帯電話をいじる
④携帯電話を忘れたら，家に取りに帰る
⑤寝るときも，携帯電話が近くにないと落ちつかない
⑥予定の時間が来ても携帯電話でネットを止められない
⑦宿題などしなくてはいけないことがあっても，携帯電話を使う
⑧携帯電話のない生活は考えられない
⑨携帯電話を使っていると，何となくほっとする
⑩気がつくと，何時間も携帯電話を使っている

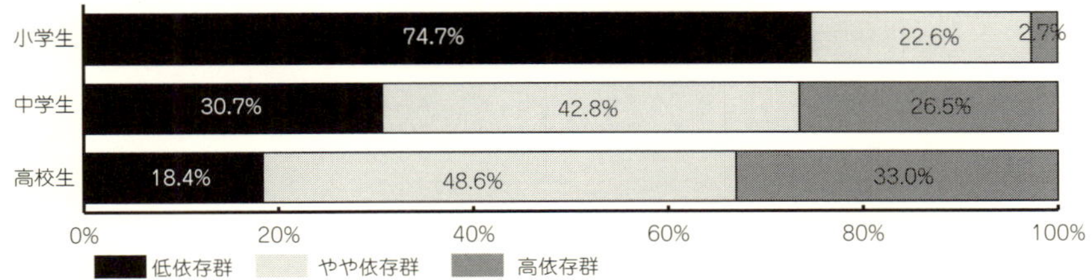

図4-6　携帯電話やインターネットへの依存状況（警視庁少年育成課少年相談係，2015 より）

目で依存状態か否かがチェックされました。

調査では依存点数から「低依存群」「やや依存群」「高依存群」の３群が導きだされています。図4-6 より携帯電話やインターネットの高依存群は小学生ではまだ少ないですが，中学生になると 26.5%，さらに高校生では 33.0%と割合が高くなり，低依存群が高校生では 18.4%と非常に低くなっています。また，高依存群の子どもたちは，「毎日が楽しくなった」との感想を述べている一方で「友達のメッセージを気にしない時間が欲しい」「友達からのメッセージが気になり落ち着かない」「何となくイライラする」などのマイナスの感想も述べていることが気になります。このことから小学生の頃から携帯電話やインターネットの利用方法をしっかりと教えることが，携帯電話やインターネットへの依存やそうしたツールを媒介とした問題を防止するために重要だと考えられます。

◆親子で利用ルールを決めることが大切

子どもの携帯電話やパソコンの利用率が上がるにつれ，ネットを介してのいじめや犯罪に巻き込まれたりするケースが増えてきています。特定の子どもの悪口や誹謗・中傷を書いてメールで送ったり，出会い系サイトに関係した事件に関与したりしてしまうこともあります。内海（2010）によると，親が子どものパソコン使用状況を把握できていない場合（例：子どもがパソコンでふだん何をしているか知らない･パソコンでどのようなインターネットのサイトを使っているか知らない），インターネットの使用時間は必然的に長くなり攻撃的行動をとる傾向が高くなることを明らかにしています。先の警視庁の調査でも携帯電話やインターネットの利用について，「家庭でルールを決めている」と回答した小学生は６割に至っていなかったことから，親子で小学生の頃から携帯やインターネットの使用ルールをきちんと話し合っておく必要があるようです。

39 小学生の食生活

◆朝食を食べない子どもたちの急増

小学校の６年間に子どもの身体および運動機能は著しく成長します。したがってその発育や運動量に見合った栄養を毎日の食事によって摂取する必要があります。さらにこの時期に，栄養バランスのとれた健康的な食習慣，食事マナーを身につければ生涯役立ちます。

ところが近年，日本人の食生活をめぐっては，孤食・個食・小食・粉食・欠食といったことが問題になってきています。

例えば平成27年度に文部科学省が実施した「全国学力･学習状況調査」(2015)によると,「朝食を食べないことがある」と回答した小学校６年生は12.5%おり,クラスの中の１割以上は朝食を食べずに学校にきていることになります。朝食をとらないと体温の上昇時刻が遅くなり，夜になっても脳や体が活発に動き続けるために睡眠に問題が生じたり，授業に集中できなくなったり，肥満傾向児の出現率が高くなったりしてしまいます。肥満になるのは，１回の食事量が増え，間食，夜食の摂取過剰につながりやすくなるためと考えられます。さらに「毎日朝食を食べない」子どもは,「食べる子ども」よりも上記の学力調査の平均正答率が低く（図4-7），体力的にも劣る傾向があります。朝食をとらない理由は,「親が食べないので子どもも食べない」「食べさせる時間がない」など親

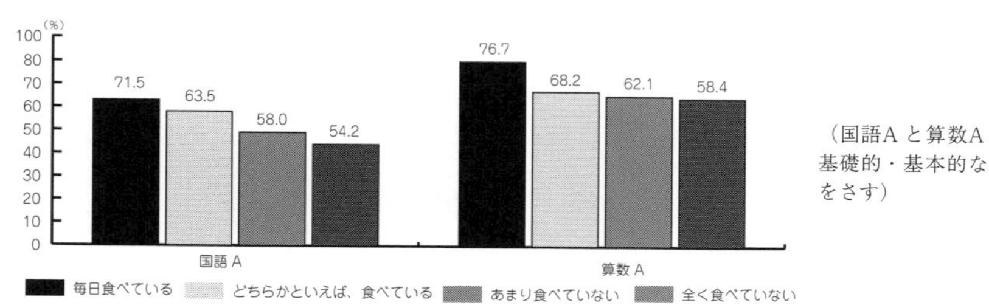

図4-7　朝食の摂取と学力調査の平均正答率との関係（小学６年生）

（文部科学省「平成27年度全国学力・学習状況調査」より作成）

側の都合によるものです。子どもの成長には朝食は重要なものだと保護者がしっかりと再認識する必要があります。

◆家族との共食の大切さ

核家族や共働き世帯の増加，子どもの習い事・通塾の増加などにより，家族そろって食事をする頻度が減り，1人で食事をする（孤食）子どもが増えています。しかし，子どもの成長にとって家族との食事は非常に重要であることが心理学の研究によって明らかになっています。

例えば伊東ら（2007）は，家族との共食は「互いの存在を確認しながら楽しみを分かち合う場面」であり，「子どもが社会を知る場」であると指摘しています。そして食事と親子関係とは相互に関連していると述べ，家族との食事を楽しいものととらえている子どもは，両親を温かく受容的であるととらえていると指摘しています。また後藤ら（2009）は食事場面の雰囲気の良さを構成する要因として「物質的環境の良さ」「受容されやすさ」「仲の良さ」を明らかにし，その雰囲気の良さが母子の結合の強さに寄与していると指摘しています。さらに成瀬ら（2008）は，家庭での食事について小学生5，6年生を対象とした調査を実施しています。まず，「食事が楽しくないと思うときはどんなときですか」と尋ねたところ，いずれの学年の子どもも「食事の前や食事中におこられたとき」「ひとりで食べたとき」をあげていました。この結果をふまえ分析を行ったところ，家庭での食事時間を楽しく過ごしている子どもは，自尊感情が高く心が安定していること，そして知的好奇心や生活意欲も高いことを明らかにしています。

小野寺（2015）は，大学生の娘とその母親という同一の家族内での食ライフスタイルと子どもである大学生の基本的食生活（朝・昼・晩の食事をきちんと食べているか否か）との関連性について検討しています。それによると，母親が和食やおせち料理などを手作りし伝統的食生活をしていると，娘もそうした食生活をしており，結果的に良好な基本的食生活を送っていました。しかし母親がコンビニをよく利用していると娘も同じようにコンビニをよく利用しており，基本的食生活が確立できていないということがわかりました。このデータは大学生の娘とその母親のものですが，小さい頃から親の食ライフスタイルを見て育つと自然と自分の食ライフスタイルも親に似てくると考えられます。基本的食生活の確立という意味からも子どもと一緒に，どのような食事を毎日食べるかはとても重要なことだといえます。

40 子どもとお金

◆今どきの子どものお小遣い

小学生にとって親からお小遣いをもらえるのはとてもうれしいことです。さらにお正月に祖父母や親戚からいくらお年玉をもらったかは，友だちの間での大きな話題になります。では最近の子どものお小遣いはいくらぐらいなのでしょうか。「日本子ども資料年鑑」（恩賜財団母子愛育会愛育研究所，2016）によれば2009年の１，２年生のお小遣いの平均は826円，３，４年生905円，５，６年生1,150円，中学生になると2,552円，高校生6,045円となっていましたが，2015年では１，２年生1,070円，３，４年生1,145円，５，６年生1,226円，中学生2,448円，高校生5,509円となっていました。一方のお年玉は，図4-8のようになっています。幼児も小学生と同じぐらいの金額のお年玉をもらっているのには驚きます。

山本（2016）は，日本では，江戸時代には庶民の子どもたちが１日１文から２文のお小遣いをもらい，数日ためて絵本を買ったり，銭を投げてメンコのようにして遊んでいたと報告しています。また，明治時代は，富裕層よりも貧困層において子どもにお小遣いをたくさんあげる傾向があったとも述べています。このように，日本では子どもにお小遣いとしてあげる習慣は昔からあったことがわかります。

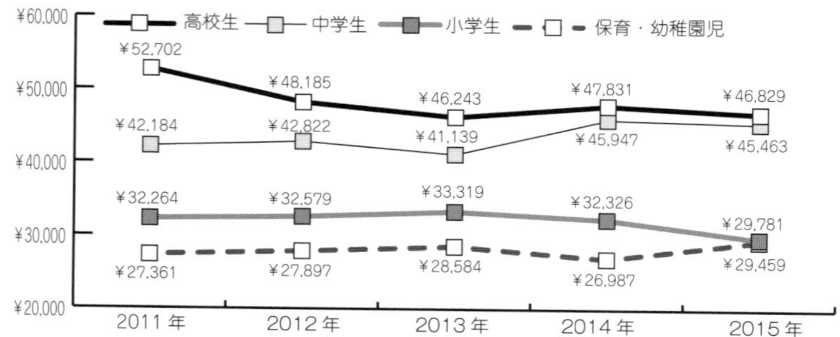

図4-8　お年玉の額の推移（京都中央信用金庫，2015より作成）

◆子どもの買いたいもの

渡辺（2016）は，日本（大阪），韓国（ソウル），中国（北京），ベトナム（ハノイ）の４か国の子どもたちが，お金についてどのような考えをもっているかを比較検討しています。その調査の中で，「子どもの買いたいもの」の比較が行われました。買いたいものの５位までをみると，日本は，１位「衣類」28.30％，２位「ゲーム」12.50％ですが，３位「買いたいものがない」7.00％，４位「家」5.70％，５位「音楽映像」5.60％と続いており，高価な物がリストにあがっているのが特徴です。それに対し，ベトナムと北京の子どもたちの１位は「本」（ベトナム：16.50％，北京，17.70％）となっていました。

◆小学生の経済の理解度

小学生は，親の指導によってお年玉などは銀行に預けている場合が多いように思います。しかし銀行は「貯金箱」と同じものであるという誤まった概念を多くの子どもたちはもっているとタカハシ・ハタノ（1994）は 指摘しています。藤村・子安（2005）は，小学生が銀行および貯蓄についてどのように推論しているかを研究しています。例えば，「銀行や郵便局にお金を預けることはどんな意味があるのか」「１万円を預けると１年後にはどうなっているのか」「銀行はどのようにして利益を得ているのか」「物の値段はどのようにして決まるのか」などの質問を２つの小学校の４年生と６年生に尋ねて学年による比較検討を行っています。その結果，貯蓄をした経験は４年生のＫ校では 48.6％，Ｓ校では 61.4％，６年生のＫ校では 72.7％，Ｓ校では 69.7％となっており，６年生の方が貯金をしている子どもが多くなっていました。また「１万円を預けると１年後にはどうなっているのか」に対して「１万円より多くなる」と回答した割合は４年生よりも６年生の方が多くなっていました。さらに銀行が利益を得る理由としては貸し付けに言及した適切な説明が６年生になると増加してきていました。以上のことから，子ども自身が銀行や郵便局に貯蓄をする体験を通じて年齢が上がるとともに経済学的理解が進んでくるようになることがわかります。

今の時代の小学生は，コンビニエンスストアに行けば，いつでも自分の好きな食べ物や文房具，漫画などを買うことができます。しかしそうした便利な時代であるからこそ，お金の大切さやモノを大切に使い続ける意識を小学生のうちから身につけさせていくことが必要になるのではないでしょうか。

41 子どもの教育費

◆1年間にかかる子どもの教育費

文部科学省「子供の学習費調査」（平成26年度文部科学省，2014a）によると，公立小学校に通う小学生1人あたりにかかる年間の教育費は約32万円（月額換算約2.7万円）となっています。この内訳は「学校教育費」（59,228円），「学校給食費」（43,176円），「学校外活動費」（219,304円）に分けられます。学校教育費（図4-9）に比べると，学校外活動費が非常に多いことがわかります。この学校外活動費は学習塾，スポーツや英語教室などの費用を示しています。もし子どもが2人いれば月々5万円超の教育費，さらには学校外活動費も2倍かかることになります。そして私立の小学校に子どもを通わせると学校教育費だけで90万円近くがかかっており教育費負担は非常に大きいことになります。

◆学習塾

学習塾に通う割合は小学5年生31.8%，6年生38.7%となっており，中学3年生では64.2%と非常に高くなっています。また1週間に通う回数は週2回が最も多くなっています（ベネッセ教育総合研究所，2014）。文部科学省の調査によると，学習塾費の年間平均額は，公立の小学校が14.6万円，私立の小学校が31.9万円，公立の中学校が29.2万円，私立の中学校が25.2万円となっています。

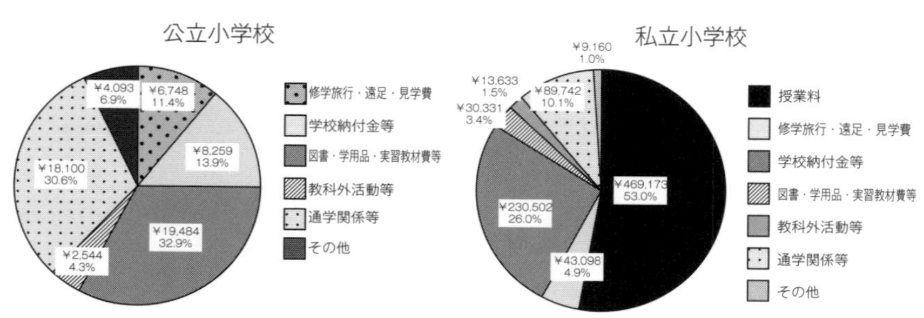

図4-9　小学校の学校教育費の内訳（公立と私立）（文部科学省，2014a）

◆大学卒業までにかかる学習費

子どもにどのような教育を受けさせたいかは，各家庭によって様々です。そしてそれは親の経済的状況や子どもへの期待，子どもの学習意欲や成績によって異なってきます。幼稚園から大学までの子どもの学校選択による学習費の試算があります。それによると幼稚園から大学まで全て公立の場合は5,230,911円，高校までは公立で大学が私立の場合は6,977,800円，全てが私立の場合は17,699,263円と試算されており，子どもにかかる教育費は子どもが進む進路によって大きく異なることがわかります。

さらに，自宅から大学に通学するのかアパートを借りて１人暮らしをしながら通学するのかによっても親の経済的負担は大きく異なります。例えば，国立大学で自宅通学の場合の教育費は４年間で約539万円ですが，下宿・１人暮らしの場合は約840万円となっています（セールス手帖社保険FPS研究所，2015）。私立大学で１人暮らしとなれば，親の仕送りは大変な額になるため，多くの学生が生活費を稼ぐためにアルバイトに忙しくなってしまうという問題も出ています。

◆子どもの貧困の問題

近年日本では，離婚により，子どもを１人の親が育てる「ひとり親世帯」が増加しています。ひとり親に育てられている子どもの数は230万人以上になっており（セールス手帖社保険FPS研究所，2015），ひとり親世帯の貧困が問題になってきています。「平成23年度全国母子世帯等調査」（厚生労働省）によると，夫婦と未婚の子どもがいる世帯の平均所得が699万円であるのに対し，子どものいるひとり親家庭の年間所得は268万円となっています。ひとり親世帯に暮らす子どもの大学進学率は23.9％で，全国平均の54.4％よりもかなり低く親の経済状況の影響を受けていると考えられます。平成26年度版「子供・若者白書」（内閣府）によるとOECD加盟国34カ国中，日本の子どもの相対的貧困率は10番目に高くOECDの平均を上回っている状況です。

こうした子どもの貧困対策の１つとして最近注目を集めている活動に「こども食堂」があります。経済的な理由などから，家で満足な食事を食べられない子どもたちに温かい食事を提供することを目的として開設され，食材は寄付により，運営は地域のボランティアなどによって実施されています。

42 小学生の規範意識

◆希薄化する規範意識

平成28年度「犯罪白書」（法務省，2016）によれば，2013年の日本の窃盗の発生率（人口10万人当たりの発生件数）は，533.9件となっています。これはアメリカ2,722.0件，英国3,136.2件，フランス2,180.6件，ドイツ2,957.5件に比べ著しく低く，日本が安全な国であることを示しているといえます。しかし大人世代は，今どきの子どもたちのモラルや行動に対し厳しい評価をしています。東京都生活文化局が平成23年度に行った「第２回インターネット都政モニターアンケート」の中の「あなたが子どもだった頃と比べて，現在の子どもたちは社会のルールやマナーをよく守っていると思いますか」への回答は，「よく守っている」17.8%，「あまり守っていない」(54.1%）となっていました。また「ルールやマナーをあまり守っていない理由」（複数選択）としては，「悪い行為をしたときに，子どもを叱れる保護者が減っているから」(90.7%)，「正しい社会ルールやマナーが身に付いていない大人が増えているから」（87.6%）などがあげられていました。例えば，雨の日に図書館にさしていった傘が帰りにはとられてしまっていた，アパートの駐輪場に停めていた自転車が翌朝いってみると盗まれていた，駅のホームや車内で地べたに座り込んで高校生が騒いでいる等の迷惑行為は列挙に事欠きません。

◆小学生の規範意識

私たちが社会で生活していくために，法律にはじまり小さな約束事に至るまで様々な規範があります。山田・小泉・中山・宮原（2013）は，小中学生用の規範行動尺度を開発しています。この尺度では「対人間での望ましい行動」(例：あなたは，はきはきとした気持ちのよい挨拶をしていますか。あなたは友だちが困っていたら，何かできることをしていますか)，「対人間で遵守すべき行動」（例：あなたは，友だちの悪口を言わないようにしていますか。あなたは，友だちにうそをつかないようにしていますか)，「個人として遵守すべき行動」(例：

あなたは，自分が使ったものをきちんと後片付けしていますか。あなたは，授業の中で先生や友だちの話をきちんと聞いていますか）の３側面から規範意識を測定しています。そして分析を進めた結果，規範行動は年齢が上がるにつれて減ること，男子の方が女子よりも低い学年段階で規範行動が減少することが示されました。

また，廣岡・横矢（2006）は山田らと同様に，学年が上がるにつれ規範意識が下がることを明らかにし，小学生や中高生の学校生活意識が規範意識に及ぼす影響を検討しています（図4-10)。その結果，小学生の規範意識に強い影響を与えていたのは「学校適応感」であり，学校生活にうまく適応できている場合には規範意識が高くなっていることがわかります。さらに「友人関係」と「規範意識」との関係ですが，小学生では，友人関係が良好であるほど規範意識は高かったのですが，中高生になると友人関係が良好である場合，規範意識に負の影響を与えていることが示されています。しかし友人関係が良好で学校生活にも適応できている場合は，規範意識が高くなる傾向がありました。このことから小学生のうちは，仲良しの友人がルールを守って小学校生活を送っているから自分も規範を守ろうとしますが，中高生になると自分の属する友人集団が規範に反する行動をとると，それに同調して規範を守らない子どもたちも出てくることが懸念されます。いけないことだと思っているけれども，友だちがやっているんだから，自分もやりたい／やらなくてはいけないという意識がそこには働いているようです。いずれにしても友人との関係は，小学生が規範を守れるか否かに関わる重要な要因であることがわかります。

4

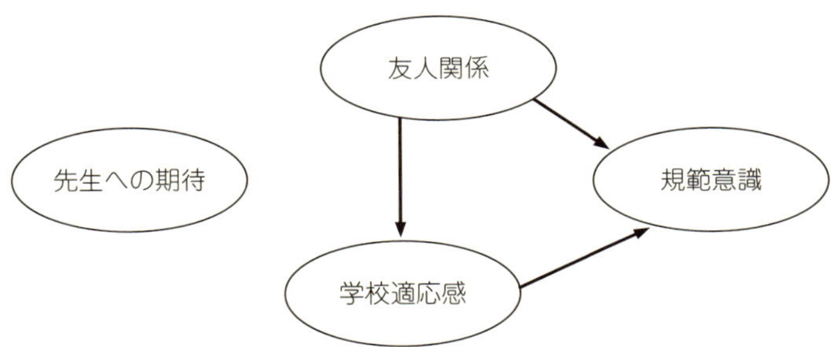

図4-10　小学生の学校生活が規範意識に及ぼす影響（廣岡・横矢，2006より作成）

5　学校生活

43

海外の教育制度と放課後活動

◆海外の教育制度

アメリカ：基本的には，6歳～7歳を就学義務開始年齢とし，その後の12年間が初等・中等教育です。その制度は6-2-4制，5-3-4制，8-4制など州ごとに異なり，義務教育修了年齢も16歳～18歳と幅があります。また多くの子どもは，入学前の1年間，キンダーガーデンと呼ばれるスクールに通いますが，キンダーガーデンからが義務教育と定められている州もあります。

イギリス：義務教育は5歳～11歳が初等教育機関（プライマリー・スクール），12歳～16歳が中等教育機関（セカンダリー・スクール）です。義務教育修了時にGCSEという試験を受け，大学進学を希望する場合にはSixth Formという日本の高校に該当する2年間の教育課程に進みます。イギリスの初等教育制度で特徴的なのは，2年生と6年生で実施されるナショナルテストです。各自の学習到達度を確認しその後の目標設定をする機会になるため，テストの存在が実際の学校現場に与える影響も大きいようです。

フィンランド：日本同様，義務教育期間は9年間です。初等教育は7歳からですが，6歳で就学前教育のプリスクールに通います。就学前教育から大学までの全課程の教育は無料です。16歳以上の教育は任意ですが，義務教育を修了した大半の生徒が，高等学校（3～4年）または職業学校（2～5年）に進学します。高等学校の場合には主に基礎教育時の内申書に基づき，職業学校の場合は仕事経験なども入学試験や適性テストと共に考慮されます。

韓国：日本と同じく6-3-3制で初等学校と中学校が義務教育です。毎年3月に始まり翌年の2月に終わります。日本以上に受験競争が激しいと言われ，多くの子どもたちが塾へ通うほか，高等学校では補習授業などで夜遅くまで勉強しています。毎年11月中旬に日本のセンター試験に当たる修能試験があり，「英語のリスニングの時間帯の飛行機の運行禁止」「試験会場に遅刻した高校生のパトカー・白バイによる誘導」「試験会場周辺での保護者・高校の後輩の熱烈な応援」など過熱ぶりが日本でも報じられています。

インド:基本的には，小学校５年，中学校３年（６～８年生），中等学校２年（９，10年生），上級中等学校２年（11，12年生）。義務教育期間は小学校と中学校の８年間です。中等学校２年生（10年生）と上級中等学校２年生（12年生）のときに全国共通テストが行われ，その結果は大学進学時に影響するため生徒は一生懸命勉強しています。インドの公用語はヒンディ語ですが第二公用語は英語，その他 21 の公認言語があります。最近インドはIT国家として躍進していますが，その成長を支えているのは他国にはない数学教育です。例えば 20×20 までの暗記，小２で３ケタ同士のかけ算を教えるとのことです。

◆放課後活動の国際比較

では，世界の子どもたちは放課後をどのように過ごしているのでしょうか。明石ら（2012）は，イギリス・フランス・ドイツ・韓国・日本の５か国の小学生の放課後活動を比較検討しています。月曜日から土曜日までで学校から帰ってから１人で過ごした日数を尋ねたところ，日本人の子どもは「（過ごすことが）ほとんどない」への回答が45％であり，５か国中一番低い数値となっていました。また，１週間に学校での放課後活動に参加した日数をみると，日本の子どもは「０日」が 73％と顕著に高く，放課後活動にあまり積極的に参加していないことがわかりました。

今後は放課後児童クラブなどをもっと活用していくことが必要ではないでしょうか。

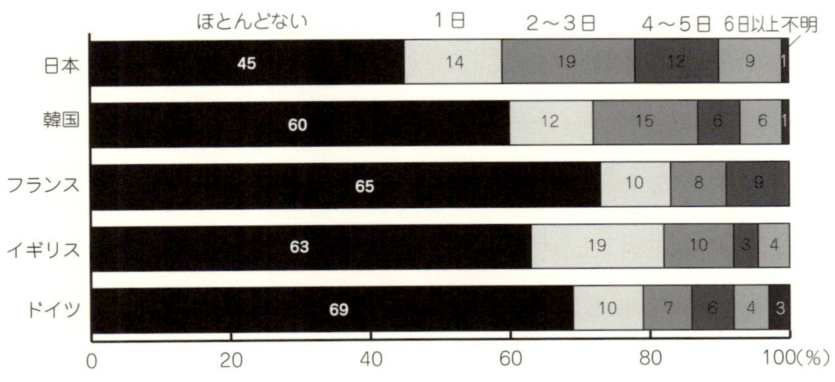

図5-2　放課後，１人で過ごす割合（明石ら，2012 より作成）

44 学校給食

◆給食の始まり

海外に比べ日本の給食の歴史は古く，明治22年に山形県鶴岡町の私立忠愛小学校で貧困児童を対象に無料で学校給食を実施したのが起源とされています。その目的は貧しい子どもたちに食事を食べさせるというものでした。その後，大正８年には東京の小学校でパンによる学校給食が始まり，戦後，昭和29年に「学校給食法」が制定され，昭和33年には脱脂粉乳にかわって牛乳の飲用が始まりました。平成17年「食育基本法」が制定され，食育の観点から給食も考えられるようになっていきました。「学校給食実施状況等調査」（文部科学省初等中等教育局健康教育・食育課，2017）によれば，お米を使った米飯給食は１週間あたり平均3.4回実施され，給食費の平均は低学年4,286円，中学年4,306円，高学年4,310円，そして中学校4,921円となっています。

◆好きな給食のメニュー

では，最近の小学生は給食をどのようにとらえているのでしょうか。平成22年度「児童生徒の食事状況等調査報告書」(日本スポーツ振興センター)によれば，給食が「大好き」「好き」と回答した小学生は，平成17年度は69.0％でしたが，平成22年度には75.5％と増加傾向にあります。その理由として，「おいしい給食が食べられるから」「みんなと一緒に食べられるから」「栄養のバランスがとれた食事が食べられるから」を選択している子どもが多くみられました。最近の給食は，工夫をこらした美味しいメニューが増えてきており，栄養士の方々の苦労が子どもたちの「給食が好き」につながっているといえましょう。

また，同報告書では，小学生の好きな給食メニューランキングが記載されています。第１位「カレーライス」49.1％，第２位「パン」33.9％，第３位「めん」32.1％，第４位「デザート」28.8％，第５位「揚げ物」18.5％，第６位「スープ・汁物」13.5％，第７位「変わりご飯」10.6％となっていました。

◆食育について

子どもの健康増進に望ましい栄養摂取量を計算して提供されている給食ですが，食べ残しをする子どもたちもいます。食べ残す理由は様々ですが，家庭での偏った食事がその一因にあります。また，子どもたちの食と健康に関しては，朝食欠食など食生活の乱れ，肥満・痩身傾向などの問題があります。

こうした現状をふまえて，平成17年に「食育基本法」が，平成18年に「食育推進基本計画」が制定され，子どもたちが食に関する正しい知識と望ましい食習慣を身につけることができるよう，学校において積極的に食育に取り組む体制が整ってきています。さらに，給食の時間はもちろんのこと，各教科および総合的な学習の時間，特別活動等において食習慣やマナー，日本の伝統食や世界の料理紹介，食に対する知識を実践的に指導する試みがなされています（表5-1)。また，学校給食に地場産物等および国産の食材を使用する割合を増やすことが文部科学省の「第２次食育推進基本計画」の中で示されています。

小学校１，２年生では，お箸の持ち方や食事マナー，さらには旬の食べ物の話・行事食（例：節分に煎り豆やいわし・９月のお月見だんご・12月の冬至のかぼちゃ）が紹介されています。

さらに小学校５，６年生では食料自給率の話，食品の保存方法，日本の地域に伝わる伝統的な野菜の紹介（例：長岡巾着なす・下仁田ねぎ・守口大根・五郎島金時・糸巻き大根）や世界の国々の有名な料理や材料が紹介されています（例：ボボティー・麻婆豆腐・サモサ・ピロシキ・トムヤムクンなど)。

表5-1 「たのしい食事つながる食育」（小学３，４年生のテーマ例）

（文部科学省，2016 より作成）

- 野菜や芋の秘密（例：ジャガイモのように地下の茎を食べる植物・ブロッコリーのように花・つぼみを食べる植物）
- 食べ物が届くまで（例：食材がどこから来ているか考える）
- 食べ物大変身（例：大豆からできている食べ物を取り上げる）
- マナーのもつ意味（例：食事中のマナーを学ぶ）
- 自分の生活リズムを調べる（例：朝食はなぜ大切かを取り上げる）
- 好き嫌いしないで食べる（例：食品の働きについて学ぶ）
- 元気な体に必要な食事（例：栄養要素（タンパク質など）を取り上げる）
- 地域に伝わる行事食の紹介（例：地域に伝わる伝統食や行事食を紹介する）
- 昔の生活と今の生活を比較（例：昔の調理器具や保存食品を紹介する）

45 小学校教師のメンタルヘルス

◆悪化する教師のメンタルヘルス

最近の教育現場では，ちょっと気になる子どもたちへの対応問題，いじめや不登校，さらには自分の子どものことを優先させてほしいとクレームしてくる親への対応など様々な問題が起きています。このため，教師たちのメンタルヘルスは危機的状況にあります。「平成26年度公立学校教職員の人事行政状況調査について」（文部科学省，2015b）によれば，公立の小・中・高校の教師の中で病気休職者数は8,277人（小学校は3,899人）ですが，このうち精神性疾患が原因で休職している教師は5,045人（小学校は2,283人）でした。これは休職者の61％がなんらかの精神的疾患によることを示しています。休職に至らなくても心に悩みを抱えている教師はたくさんいるのが現状です。子どものことが好きで意欲と希望をもって教育現場にいる先生方には様々な厳しい現実があるようです。

◆ストレスの内容

それでは具体的にどのような問題を教師はストレスに感じているのでしょうか。高木・田中（2003）は小中学校の教師が感じている職業ストレッサーがバーンアウトに至る過程について提起しています。バーンアウトとは，身体的疲労感と働く意欲の喪失を含む概念です（例：同僚や児童・生徒の顔をみるのも嫌になることがある）。高木・田中の研究で使用されていた教師という仕事自体のストレッサーは表5-2，職場環境のストレッサーは表5-3のとおりです。

上記の項目を使って分析した結果，高木・田中は，小・中学校の先生がバーンアウトに至る過程を 職務環境 ⇒ 職務自体 ⇒ バーンアウト というモデルによって提起しています。このモデルから，教師が働く環境の良し悪しが，子どもと直接関わり教えるという仕事に影響を与えていることがわかります。先生たち一人ひとりが，上手にストレスを軽減させる方略を見つけることが大切になってきています。

表5-2　職務自体のストレッサーの要因例（高木・田中，2003より作成）

Ⅰ〈役割の曖昧な職務のストレッサー〉項目例

①児童・生徒が学校外で起こした問題に対応することの負担が大きい。

②教師や学校の側からすれば，一方的と感じるような保護者や地域からの要求・苦情に対応することの負担が大きい。

③不登校や問題の多い児童・生徒やその保護者との関係の維持に努力することの負担が大きい。

④授業妨害をする，教室にじっとしていられない，といった学習意欲がひどく欠ける児童・生徒に授業などで対応することの負担が大きい。

Ⅱ〈実施困難な職務のストレッサー〉項目例

①学級や児童会･生徒会などの経営を通して児童･生徒にとってのまとまりのある（居心地のよい）集団作りを行うことが困難である。

②児童・生徒の学習指導でコミュニケーションや細かな指導を充実させることが困難である。

③学習指導以外の日常的な児童・生徒とのコミュニケーションを確保することが困難である。

表5-3　職務環境のストレッサーの要因例（高木・田中，2003より作成）

Ⅰ〈役割葛藤〉項目例

①同僚から過剰に期待や要求をされることが多い

②上司（校長・教頭・主任・主事の先生方）から過剰に期待や要求をされることが多い

③自分の苦手な役割を求められることが多い

④保護者から過剰に期待や要求をされることが多い

Ⅱ〈同僚との関係〉項目例

①同僚や上司に誤解を受けることが多い

②同僚や上司から責められることが多い

③同僚や上司と対立することが多い

Ⅲ〈組織風土〉項目例

①自分の学校や学年では，計画したことが能率よくこなすことができ働きやすい（逆転項目：働きにくいことがストレスとなる）

②他の先生と仕事上の調整や分担がうまくいっている（逆転項目:うまくいかないとストレスになる）

Ⅳ〈評価懸念〉項目例

①同僚に対し劣等感を抱くことが多い

②周りと比べて自分の能力不足を感じることが多い

46 不登校

◆不登校児の数

子どもにとって学校は，友だちと楽しく遊び勉強する場所だと私たち大人は思いがちです。ところがなかには学校に行きたくないと突然言い始め，学校を長期にわたって欠席する子どもたちもいます。平成27年度「児童生徒の問題行動等生徒指導上の諸問題に関する調査」(文部科学省初等中等教育局児童生徒課，2016）によれば，小・中学校の不登校児童生徒数は 126,009名（前年度122,897人）で，内訳は小学校27,581人，中学校98,428人となっています。同調査報告書の不登校の定義によれば，年間30日以上の長期欠席者のうち，病気や経済的理由を除いて欠席をしている児童生徒を不登校児としています。

◆不登校の理由

主な不登校の理由は，次の３つに分けることができます。

1．**学校生活に起因する不登校**：友人トラブル・いじめ・担任の先生との問題
2．**家庭生活に起因する不登校**：親子関係をめぐるトラブル・家庭内での不和・家庭環境の急激な変化
3．**本人に起因する不登校**：性格的な問題・情緒不安定傾向・発達障害等

ただし，子どもが学校に行きたくない理由は様々であり，親や先生が学校に行かない理由を尋ねても，その理由を本人自身もはっきりとはわからない場合が多くみられます。

◆学級への適応感

不登校の理由の「1．学校生活に起因する不登校」については学級の担任の責任も考えられます。当該の不登校児のみならず，学級の子ども一人ひとりの状況をしっかりと把握するためにも学級への適応感と学校生活との関連を把握しておくことが必要になります。江村・大久保（2012）が開発した「小学生用学級適応感尺度」では，「居心地の良さの感覚」「被信頼・受容感」「充実感」

が適応感に関係しているとしています。さらに，担任教師が学級の雰囲気を判定し，「調和型」学級（お互いが認め合い，規律を守り，意欲も高く楽しく，反抗しない学級），「無気力型」学級（意欲が低く，楽しくないが反抗するわけでも，反抗しないわけでもない学級），「不和型」学級（認め合うことができず，規律も守れず，反抗する学級）に分類し，学級適応感との関連を検討しました。その結果，担任教師との良好な関わりが学級への適応感を高めることに関係していることを明らかにしています。不登校にならないためには，担任が困ったときには相談にのり，子どもが自分の気持ちをよくわかってくれているという安心感をもてるクラス運営が大切と考えられます。

◆不登校児への対応方法

①学校になぜ行かないのか，行けないのかを，問いたださない

子どもが学校に行けないでいると，親や先生は勉強が遅れることを心配し，「皆は楽しく学校に行くのに，なぜあなたは学校に行けないの？」と子どもに理由を詰問します。しかし子ども自身，その答えがわからなくて悩んでいる場合も多く，尋ねられることでかえってつらくなってしまいます。ですから，あせって学校に行け，行けと子どもには言わないことが大切です。

②子どもの話にじっくり耳を傾ける

親が不登校を責めずに，受けとめてくれるとわかると，子どもも親に心を開いて話をしようとしてくるようになります。そのときは，怒らずにじっくりと子どもの話を聞いてあげましょう。

③担任の先生そして学校のスクールカウンセラーに相談する

担任の先生と親とでゆっくりと子どものことを相談する機会をとり，学級内での友人とのトラブルの有無や先生自身との関わりがうまくいっているかなどを話し合いましょう。

④学校以外の教育相談機関に相談する

子どもの問題を客観的な立場からアドバイスしてもらうためにも，学校以外の教育相談機関を利用することは有効です。例えば夫婦間での喧嘩が絶えず不仲であるなど，家庭内の問題が原因で子どもが情緒的に不安定になり，それが不登校の原因になることがあります。そんな場合は，外部の人から客観的なアドバイスを受けることで解決に至ることもあります。

長期にわたる不登校を解決するには時間がかかります。あせらずにじっくりと子どもと関わり，子ども自身の成長を援助していくことが大切です。

47 いじめ

◆いじめの状況

1986年に起きた東京の中学２年生の男子生徒がいじめを苦に自殺した事件をきっかけに，いじめと自殺との関連が指摘され，今やいじめは社会問題となっています。平成26年の小・中・高校および特別支援学校における，いじめの認知件数は 188,072件（小学校122,734件，中学校52,971件，高校11,404件，特別支援学校963件）となっており，児童生徒1,000人につきいじめの認知件数は 13.7件となっています（文部科学省，2015a）。平成18年のいじめの件数が 124,898件でしたから，10年間に６万件以上いじめが増えたことになります。学年別では，中学校１年生の頃が一番いじめの認知件数が多く，小学校では６年生を除き，いずれの学年においても２万件以上という高い件数が報告されています。

◆いじめの原因とその後への影響

上記の調査報告では「いじめ」を「児童生徒に対して，当該児童生徒が在籍する学校に在籍している等当該児童生徒と一定の人的関係にある他の児童生徒が行う心理的又は物理的な影響を与える行為（インターネットを通じて行われるものを含む。）であって，当該行為の対象となった児童生徒が心身の苦痛を感じているものをいう」と定義されています。メールなどによる辛辣な言葉に

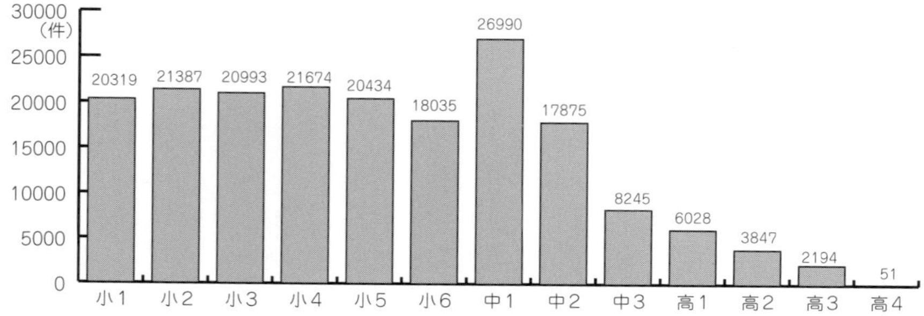

図5-3　学年別いじめの認知件数のグラフ（国公私立）（文部科学省，2015）

・被害者：　いじめられている子ども。一人の場合が多い。
・加害者：　いじめている子ども。複数の場合が多い。
　　　　　　以前，いじめられたことがあり。現在，立場が逆転していることもある。
・観　衆：　はやし立てたり，面白がって見ている子ども。
　　　　　　加害の中心の子どもに同調・追従し，いじめを助長する。
・傍観者：　見て見ぬふりをする。
　　　　　　人がいじめられているのを無視することは，いじめに直接的に加担することではないが，
　　　　　　加害者側には暗黙の了解と解釈され，結果的にはいじめを促進する可能性がある。

図5-4　いじめ集団の四層構造論（森田・清永，1986 より作成）

よる攻撃もいじめに含められるようになってきたことは近年の特徴です。いじめの発生原因について森田・清永（1986）は，「いじめ集団の四層構造論」を提起しています。図5-4 よりいじめは，被害者，加害者・観衆そして傍観者を含めた集団全体の問題として考えることが大切であることがわかります。

いじめの原因について滝（1992）は，「（加害者・被害者の）性格の問題」，「加害者のストレスや情緒不安定さ」，「加害者の規範意識の欠如」，「（目撃者による）扇動」（いじめを見ても見ぬふりをする子どもが暗黙のうちにいじめを支持し，いじめがエスカレートする）などをあげています。例えば「性格の問題」では「いじめられやすい子どもの性格」として「動作が機敏でない・おとなしい・口が達者でませている・いろいろ言われても言い返せない」などがあり，一方の「いじめっ子になりやすい子ども」の特徴として，「過去にいじめられた経験がある・相手を自分の思い通りにしたい・支配したい・ストレス解消のために憂さ晴らしをしたい・劣等感から人をねたんでいる・家庭内に何か問題がある」などがあげられています。

森田・清永の図にもあるように，いじめは当事者同士だけでなく，それを目撃し見て見ぬふりをしている傍観者にも心理的な影響を長期にわたって与えていくと考えられます。水谷・雨宮（2015）は，小学生の頃に受けたいじめ被害は大学生になってからの自尊感情にマイナスの影響を与え，その自尊感情を介して不安傾向やウェルビーイングにも影響を与えていくと述べています。すなわちこの結果は，小学生時代にいじめを受けた場合，自尊感情が低く，何事にも不安が高く，かつ幸福感が低い大学生になってしまう可能性を示唆しています。ですから親や教師は，早い段階で子どものいじめに気づき，問題を解決していく努力をする必要があるのではないでしょうか。

48 虐　待

◆虐待件数と定義

近年，虐待は大きな社会問題になっています。厚生労働省（2016）によれば，全国の児童相談所（児相）が2015年度に対応した児童虐待は10万3,260件となっています。虐待の定義による分類に従うと，暴言や脅しによる「心理的虐待」（４万8,693件，前年度に比べ9,918件増）が目立って増え全体の47.2％（2014年度は43.6％）を占めています。また，殴る・蹴るなどの暴行を加える「身体的虐待」は２万8,611件（前年度比2,430件増），食事を与えないなどの「ネグレクト（育児放棄）」が２万4,438件（同1,983件増），子どもへの性行為など「性的虐待」は1,518件（同２件減）となっています。

◆虐待の原因

虐待の原因は図5-1 に示すようなものが考えられます 。

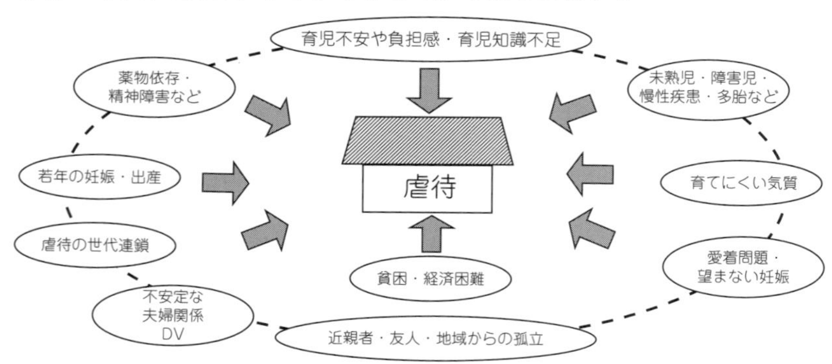

図5-1　想定される虐待の原因

上記の要因を整理すると①親側の要因，②子ども側の要因，③養育環境の要因の３つに大別できると考えられています。どれか１つが原因というよりも，いくつかの要因が重なり合って虐待に至ってしまう場合が多いようです。

親側の要因

- 望まない妊娠，10代の妊娠
- 子どもへの愛着形成が十分に行われていない（妊娠中に何らかの問題が発生したことで子どもを受け入れられない）
- マタニティブルーや産後うつ病等，精神的に不安定である
- 親の性格が攻撃的で衝動性が高い
- 精神障害，知的障害，慢性疾患，アルコール依存，薬物依存
- 自分自身が親から虐待された経験がある
- 育児に対する不安やストレスが高い

子ども側の要因

- 未熟児で生まれてきたために愛着が十分に形成されていない
- 障害児である・発達障害（自閉スペクトラム症）などの傾向がある
- 気質的に育てにくさをもっている

養育環境の要因

- 未婚を含む単身家庭・内縁者や同居人がいる家庭
- 子連れの再婚家庭・夫婦関係を始め人間関係に問題を抱える家庭
- 転居を繰り返す家庭・親族や地域社会から孤立した家庭
- 生計者の失業や転職の繰り返し・経済不安・夫婦不和・配偶者からの暴力

5

◆虐待への対応

近年，虐待傾向を示す母親の愛着パターンとして，メインとソロモンが提唱したDタイプ（disorganized/disoriented）の母親が増えてきています。このDタイプは母親自身が虐待を受けて育ってきたため，自分の子どもへの接し方がわからず，不自然でぎこちない態度を示し，子どもからの話しかけにうつろな表情でじっとして動かず立ち尽くすといった態度を示す特徴があります。虐待を未然に防ぐためには，母子手帳の交付を受けに来ない，乳幼児健診が未受診のままである，子どもの顔や体に外傷がある，保育園に通ってこなくなった，などの兆候が見られた場合には，虐待のリスクを念頭におき早目の対応をしていくことが求められます。また虐待傾向のある親を早期にスクリーニングするテストも作成されるようになってきました。アメリカで開発されたCAP（Child Abuse Potential Inventory Form：項目数160項目）に基づき，花田・小西（2003）が作成したスクリーニングテストは潜在的虐待リスクの発見に有効な尺度となっています。

49 特別支援教育と発達障害

◆特別支援教育とは

日本における平成26年度の特別支援教育は図5-5 に示すように区分され，特別支援学校には視覚障害，聴覚障害，知的障害，肢体不自由，病弱，身体虚弱に該当する子どもたち（義務教育段階では約６万９千人）が在籍しています。全国の特別支援学校の数は視覚障害85校，聴覚障害118校，知的障害725校，肢体不自由340校，病弱145校，合計で 1,096校となっています（文部科学省初等中等教育局特別支援教育課，2014)。また，特別支援学級は，障害があるために通常の学級における指導では十分な指導効果を上げることが困難な児童生徒

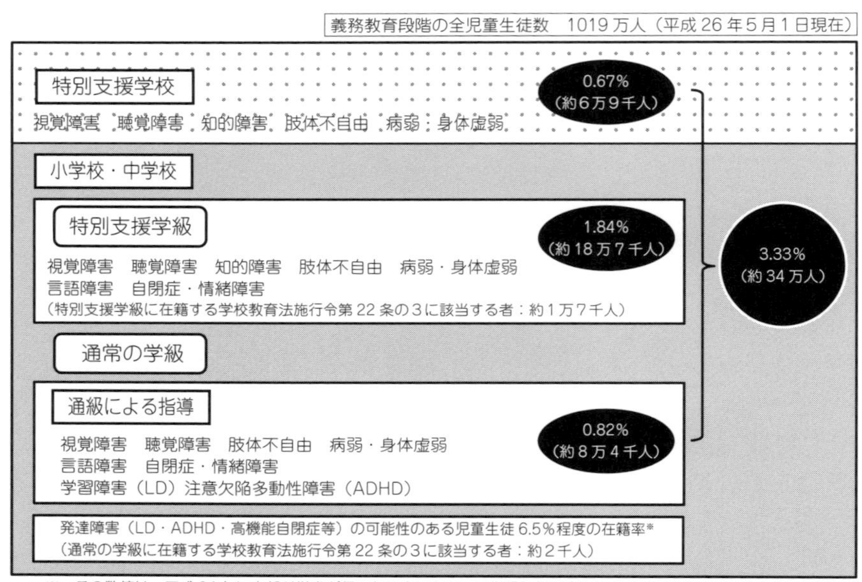

図5-5　特別支援教育の対象の概念図（文部科学省初等中等教育局特別支援教育課，2014 より作成）

に対してきめ細かな教育を行うために，小学校及び中学校の中に特別に設置された少人数の学級（８人上限）です。知的障害，肢体不自由，病弱・身体虚弱，弱視，難聴，言語障害，自閉症・情緒障害の学級があります。

◆通級について

通級による指導は，普段は小・中学校の通常の学級に在籍している児童生徒のうち，言語障害，自閉スペクトラム症，情緒障害，弱視，難聴，学習障害（LD），注意欠如・多動性障害（ADHD）などのある児童生徒を対象に行われています。主として各教科の指導を通常の学級で行いながら，障害に基づく学習上または生活上の困難の改善・克服に必要な特別指導を行う教育形態です。通級による指導を受けている生徒数は平成25年度77,882名，平成26年度83,750名，平成27年度90,270名と過去３年間で15.9％増加し，近年，通級で指導を受ける子どもの増加傾向が続いています。平成26年度と比べると，言語障害962名，自閉スペクトラム症849名，情緒障害1,228名，学習障害（LD）1,182名，注意欠如・多動性障害（ADHD）2,396名とそれぞれ増加し，過去３年間で通級を設置している小学校数は約11.3％増えています（平成25年度3,620校，平成26年度3,809校，平成27年度4,028校）。平成27年度は，公立小･中学校の13.2％の学校で通級による指導が行われていることになります（文部科学省，2016a）。

5

◆発達障害とその診断基準

発達障害とはどのように考えられ，診断されているのでしょうか。

発達障害は中枢神経に関連する諸機能の発達の障害，遅れ，偏倚とされ病気ではありません。杉山（2007）は，発達障害は障害ととらえるのではなく，発達の凹凸ととらえることを提起しています。適切な環境のもとでその障害に合わせた指導を行うことにより，その特性をもちながらも社会生活に順応できるようにしていくことが大切です。

現在，発達障害を診断する基準には，ICD-10（International Classification of Diseases：世界保健機構，1993）とDSM-5（Diagnostic and Statistical Manual of Mental Disorders 5th：米国精神医学会，2013）があります。DSM-5は2013年にアメリカ合衆国で改訂され，発達障害の診断規準に変更が生じたため，定義を再確認する必要性がでてきています。例えば，人の気持ちを理解したり，コミュニケーションが苦手な子どもをアスペルガー症候群としていましたが，自閉スペクトラム症として扱われるようになっています。

50

自閉スペクトラム症
（Autism Spectrum Disorder：ASD）

◆自閉スペクトラム症の特徴

かつて自閉症と聞くと，親のしつけが厳しすぎるために子どもが心を閉ざしてしまった疾病で，原因は子どもではなく親にあると考えられていました。しかし最近では，後天的な病気ではないということが明らかになっています。スペクトラム（spectrum）とは，ラテン語に起源をもつ用語で，連続体を表します。例えば虹のように色が微妙に変わっていながらも，１つの形を形成しているようなイメージがスペクトラムという意味です。自閉症概念を初めて提起したのは，カナーという児童精神科医で1943年に精神遅滞（現在は知的障害という）でも統合失調症でもない，別の特徴をもった11例の子どもの症例（早期幼児自閉症）を発表しました。一方，小児科医のアスペルガーは，カナーの症例と共通する部分はあるものの，高い知能をもって一般社会生活を送る子どもたちがいることを示し，「小児期の自閉性精神病質」（1944）と題し論文を発表しました。彼の症例は後にイギリスの精神科医ウィングが，アスペルガー症候群として取り上げ注目されるようになっていきました。

自閉スペクトラム症の主な特徴は表5-4のとおりです。

◆自閉スペクトラム症児への支援方法

指示が伝わりづらい子どもへの支援

- 視覚的に指示する：絵やカード，文字を使う。
- 簡潔明瞭に指示する。
- 具体的に指示する：「キチンと○○して！」ではなく「○○をこの袋に入れて」など具体的な言い方で伝える。
- 「○○はダメ！」という否定形よりも「○○します」という肯定形表現で伝える。

強いこだわりがある子どもへの支援

- こだわりをなくすことを目指すのではなく，それが心の安定を保っている手段であることを理解する。

• あらかじめ予定を明確に伝え，変化への不安を軽減してあげる。
• 時間や場所を限定して提示する（例：あと○○回したら終わりですよ）。

相手を傷つけてしまう発言をする子どもへの支援

• ルールや誰もがわかる常識の理解が難しいために，相手を傷つける行動や発言をしてしまう場合が多い。具体的にどうすべきなのかを根気よく教え，叱るのではなく，子どもが上手にできたときには褒めてあげることも大切。
• SST（ソーシャル・スキル・トレーニング）が有効。SST とは社会的なルールやマナー，人との会話，友だちとの付き合い方，セルフコントロール，危機管理，性教育など，を学んでいくプログラムのことです。

表5-4　自閉スペクトラム症の特徴（小野寺，2012 より作成）

(1)　社会的コミュニケーションおよび相互関係における持続的障害

社会性	• 一人でいることが好き・空気を読めない・暗黙のルールに気づかない。 • 新しい状況に不安・ソーシャル・スキルに乏しい。 • 視線が合いにくい。 • 人との関わりに無関心，関わりを避ける。 • 一人遊びを好む。
コミュニケーション	• 知的障害を伴う自閉症の子どもでは言語発達に遅れがある。 • 相手が言ったことをそのまま反復する。 • 独り言を繰り返す，会話が形式的で一方的である。 • 相手が言った言葉の裏にある意味や感情を理解することが難しく，字義どおりに受け止めてしまう。 • 冗談が通じない，裏の意味がわからない。 • 一方的に話す。 • 話題を突然変える

(2)　限定された反復する様式の行動，興味，活動

• 活動や興味の偏り（こだわり），反復的で常同的な行動。 （例：電話帳や時刻表・ミニカー並べなどを好む。） • 日課や物の配置，道順・食べ物といった特定の習慣にこだわる。 こうした特性は先を見通して行動したり，環境の変化に対応して行動を修正することが難しいために起きていると考えられる。 • 手や指をひらひらさせ，体を前後に揺すったり，グルグル回ったりといった自己刺激的行動を好む。 • ある特定の物や臭い・触覚に過敏に反応する一方で鈍感な反応を示す。 （例：特定の人の声や教室内の音が苦手だったり，人に触れられることを極端に嫌がる。ガラスを爪でひっかいた音には平気だったりする。） • 運動や手先の不器用さ。

51 ADHD
（注意欠如・多動性障害）

◆最近，小学校でよく見かける気になる子ども

最近の小学校では，授業中なのに平気で歩き回りじっとしていられない，忘れ物ばかりをして先生に怒られているといった気になる子どもたちが増えています。こうした特徴は，ADHD（Attention Deficit Hyperactivity Disorder：注意欠如・多動性障害）にみられるものです。「年齢あるいは発達に不釣り合いな注意力，及び／又は衝動性，多動性を特徴とする行動の障害で，社会的な活動や学業の機能に支障をきたすものである」(文部科学省，2003）と定義され，ADHD は，注意力・衝動性・多動性という３要因から構成されている障害であると考えられます。ADHD は DSM-4-TR（アメリカ精神医学会の診断基準）では行動障害に分類されていましたが，2013年改訂の DSM-5 では神経発達障害に分類され，症状が発現する年齢が 12歳以前に引き上げられています。

◆ADHD の診断について

ADHD の診断基準は，不注意症状および多動性／衝動性の症状に分けて設定されています。表5-5 に学校場面での ADHD の行動特性をあげておきます。

ADHD は，多動性－衝動性優勢型・不注意優勢型・混合型の３つに分類されています。多動性－衝動性優勢型は，多動と衝動の症状が強く出るタイプで，授業中なのに落ち着きがなく歩き回り，ちょっとしたことでかっとなって友だちとトラブルになりがちな子どもです。不注意優勢型は，集中して授業に取り組むことが苦手で，忘れ物が多く先生や友だちの話を注意深く聞けない子どもです。最後の混合型は多動と衝動，不注意の症状が混ざり合って強く出ているタイプです。

◆ADHD の原因

では，ADHD はなぜ起きるのでしょうか。アメリカ人の研究者バークリーは，ADHD は前頭葉機能における実行機能と報酬系機能の障害によって起き

表5-5　学校場面で見られるADHD児の行動例（小野寺，2012より作成）

不注意症状の例
• 学習面でのケアレスミスが多い。
• 忘れ物が多い。　• じっとしていることが苦手。
• 注意力が散漫で話をきちんと聞けない。
• 先生の指示に従えず，宿題などの課題をやってこれない。
• 努力を持続してやる課題を嫌う。　• 次にやる活動をすぐに忘れてしまう。
多動性／衝動性の症状の例
• 着席していても手足をもじもじしたり，そわそわした動きをする。
• すぐに離席する。　• 不適切な状況で走り回ったりよじ登ったりする。
• 衝動性が高くじっとしていられない。　• 静かにすべき時でも１人でしゃべっている。
• 先生の質問が終わる前に答え始める。
• 順番待ちが苦手である。　• 他の人の話に割り込んで自分の話を始める。

ると指摘しています。実行機能とは，問題解決のために自分で考え分析して対応するプランニング力であり，報酬系機能とは欲求が満たされたとき，あるいは満たされることが予想できたときに活性化し，脳に快感を与える神経回路のことです。報酬系機能には，中枢神経系の神経伝達物質であるドーパミンやノルアドレナリンが関与していることがわかっています。この報酬系機能に障害が生じているために，長期的な報酬ではなく，目先の刺激や欲求を求めて行動してしまい，待つことができず衝動的になってしまうと考えられます。すなわちADHDの症状は，この両方の機能のアンバランスが原因だといえます。

5

◆ADHD児への支援方法

不注意が多い子どもに対する支援

- 集中できる環境を整備する。（例：テレビはつけっぱなしにしないなど，外部刺激の少ない空間をつくる工夫をする）
- 注意を導く仕掛けをつくる。（例：マグネットやシールの利用。「さあ……大事なことを２つ言いますよ」と順序立てて話をする）
- 忘れ物チェック表を作成する。
- 集中できる時間設定をする。（例：10分しか集中力が続かない子に40分かかるプログラムを実施する場合，10分おきに声をかけたり，質問をしたり，他の取り組みを挟んだりして注意のリセットを行うようにする）

衝動性の高い子どもに対する支援：別室へ取り出しクールダウンさせる。

多動性の高い子どもに対する支援：あらかじめ予定を知らせ，守れたら褒める。

52

学習障害

(Learning Disabilities：LD)

◆学習障害とは

学習障害（LD）とは，「基本的には全般的な知的発達に遅れはないが，聞く，話す，読む，書く，計算する又は推論する能力のうち特定のものの習得と使用に著しい困難を示す様々な状態を指すものである。学習障害は，その原因として中枢神経系に何らかの機能障害があると推定されるが，視覚障害，聴覚障害，知的障害，情緒障害などの障害や環境的な要因が直接の原因となるものではない」と定義されています（文部省，1999）。例えば計算は他の人より速くできるのに，国語の文章をスムースに読めなかったり，字を書くことが困難な子どもがLDと考えられます。LDは，幼児期には学習をすることが少ないため気づかずにいることが多いのですが，小学校に入ると学習面の困難が目立ち，LDとわかることがあります。

◆小学校でのLDのサイン

- ひらがなの読み書きが苦手（“わ”と“れ”と“ね”の区別がつかない）。
- 特殊音節（拗音・長音・促音）の読み書きが苦手。
- カタカナの読み書きが苦手（“ソ”と“ン”の区別がつかない）。
- 漢字の訓読みと音読みの使い分けが苦手。
- 単語をひとつの単位として読めない（1文字ずつ読む逐次読みになる）。
- 飛ばし読みをしてしまう。
- 鏡文字を書く。
- 助詞の誤用が多い。
- 暗算ができない。
- 年齢相応の漢字が書けない（線や点が多いなどのミス）。

〈LDにみられる3タイプ〉

①**ディスレクシア（読字障害）**：文字を読む能力に障害があり，よく似た文字が理解できない，文章を読んでいるとどこを読んでいるのかわからなくなる，

字を読むと頭痛がしてくる，逆さに読んでしまう，読んでも内容が理解できないなどの症状がある。

②ディスグラフィア（書字障害）：文字を書くことに困難を示す。黒板の文字を書き写すのが難しかったり鏡字を書いてしまったり，作文が書けない，読点が理解できないなどの症状がある。

③ディスカリキュア（算数障害）：数字や記号を理解・認識できない，簡単な計算ができない（指を使わなければできない），繰り上がりや繰り下がりが理解できない，数の大小の理解が困難などの症状がある。

◆文字を読むプロセスとその障害

私たちは文字を読むときにはまず文字を目で追います。そこで視覚的に文字と文字をつなげて，音に変換し脳内にあるレキシコンという部分に問い合わせをして意味を理解しています。これを「音韻ルート」と言います。しかしこの音韻ルートを通らずに，直接意味の理解に至るルートもあり，これを「語彙（意味）ルート」と呼びます。LD では，この音韻処理に障害があり，音韻の区別がうまくできずにいる子がいます。また視覚的な認知に問題がある子どもの場合は，文字の形の分析が難しく，文字の形と意味とのつながりがうまく形成されない場合もあります。このようにLD の場合は，情報処理に偏りがあってうまくレキシコンが形成されないことが読み書き障害の原因になっているのです。

◆算数障害の原因はどこにあるのか

算数ができるようになるためには，数量概念，数の順序性，数字の空間的配列（桁の認知），演算方法などの能力が必要になります。また算数では，図形や単位の理解，文章題を理解する国語力なども必要になることから，算数障害の子は，ディスレクシアのみの子よりもつまずくことが多くなると考えられます。算数では「継次処理」と「同時処理」の能力が必要になります。継次処理は順序よく情報を処理していく力であり，同時処理は複数の情報を同時に処理していく力を指します。例えば小学校の九九の計算を音を使って覚えるのは継次処理，九九の表をノートの脇において見ながら覚えていくのが同時処理です。LD の子の場合，視覚認知が弱い子と聴覚記憶が弱い子とがいます。ですから指導場面では，どちらの機能が強く，あるいは弱いかを見極めて指導することが大切です。そうしないと「自分は勉強ができない・頭が悪い」と自信をなくしてしまいます。早期の段階で障害に気づき適切な支援をすることが大切です。

53 保護者への対応

［事例］「うちの子はピアノが上手なので，音楽発表会ではピアノの伴奏をさせてほしい」「担任の先生の教え方が悪いからうちの子は算数がダメなんですよ。担任を変えてほしい」など，直接学校に電話をしてきて数時間にわたって訴える母親がいて困っている。親への対応はどうしたらよいか。

最近，学校へ些細なことでも連絡をしてきて文句を言う親，いわゆる「モンスターペアレント」への対応が大きな問題となっています。「平成25年度全国学力・学習状況調査（きめ細かい調査）保護者アンケート」（国立教育政策研究所，2014）の中にある「学校は，保護者や地域の要望に適切に対応してくれる」という設問に，「適切に対応してくれていない」と回答した保護者が25.1％，４分の１に上っており，かなり高い数値とわかります。もし１クラスに28名の子どもがいたならば，そのうち７，８人の親は学校や先生の対応に不満を抱いており，モンスターペアレントになる可能性があるということになります。

では，モンスターペアレントの特徴について考えてみたいと思います。

①子どもへ過度の期待を抱いている

学校の成績によって自分の価値が決められてしまう偏差値社会で育ってきた親にとって，自分はダメだったから我が子を優秀な子どもに育てたいという期待が強く，学校でも我が子にもっと手をかけ，時間をかけて勉強をみてほしいと考え学校に強く迫ってくる場合があります。

②子どもを守れるのは親だけ

最近の若い親たちはごく身近に「いじめ」がある環境で育ってきています。小学生の頃に「自分がいじめられた・友だちのいじめを目撃してきた」という経験をもつ親も多いようです。ですから我が子をいじめから守るのは自分しかいないと思ってしまい，もし子どもが「○○ちゃんが私を仲間外れにした」と母親に伝えたら，すぐ学校に「うちの子はいじめられています」と連絡してくるのです。また子ども時代のように人間関係のもめごとに巻き込まれたくないという思いから，クラスの保護者との交流は避け孤立しがちです。

③親自身の自尊感情が低い

最近の保護者は，幼少期の頃から褒められた経験よりも傷つく経験が多い中で育ってきている人も多いため，何をするにも自信がもてず自尊感情が低いようです。しかし唯一，我が子だけは誇れる存在であるため，子どものことで親自身の自尊感情が傷つくとクレーマーになってしまう可能性があります。

④親にネグレクト（育児放棄）傾向がある

子どもの養育に無関心でネグレクト（育児放棄）の傾向があると，モンスターペアレントになりやすいと考えられます。権利は主張するが，世話は学校任せという人が増えてきています（例：高熱が出ているから学校に迎えにきてほしいと養護教諭が電話しても，「忙しいので行けないから保健室で世話しておいてほしい」と言う母親。虫歯予防デーだから歯ブラシを自宅から持参するようにと言うと，「一度も歯をみがいたことがない」という小学４年生男子）。

⑤精神疾患をもっている

親自身が統合失調症（思考と行動を統合する能力が長期間にわたって低下し，その経過の中で幻覚，妄想，まとまりのない行動をとる）であったり，うつ病といった精神的症状を抱えている場合があります。

⑥親自身が発達障害の傾向が強い

親が自閉症スペクトラムであり対人コミュニケーションが円滑に行えない場合があります。また親がADHDの特徴である落ち着きのなさや攻撃性を強く持っている場合，ちょっとしたことで頭にきてクレームをしてきます。

⑦日常生活に不満が多く夫婦関係がうまくいっていない

夫婦関係がうまくいっていない場合や日々の生活への不満や怒りが強い場合，そのストレス発散のはけ口に学校や先生を攻撃してくる親が増えてきています。

◆対応のポイント

- あくまでも傾聴の態度で対応する。子どもへの影響を配慮しその対象児が安心して学校生活を送れるように配慮する。
- スクールカウンセラーに協力してもらい親と面談してもらう。その際に，クレームの内容を聞き，背景にある原因を探ってもらう。
- 親に発達障害や統合失調症などがあり，親自身が十分な対応ができない場合は，他の家族（父親，母親，祖父母など）に協力してもらい話し合いをする。

54 虐待を疑われる子どもへの対応

［事例］ 小学校２年の女子。父親から殴られ顔に傷ができている。学校では，落ち着きがなく，勉強に集中できない様子。授業中も友だちにちょっかいを出したり，立ち歩きや遊び場面でのトラブルも多い。そして時々癇癪を起こして大声をあげてしまうことがある。

2016年，我が子に対する虐待件数が10万件を超えたという数字が発表されました（厚生労働省，2016）。この件数は児童相談所に通報があった数字ですから氷山の一角にすぎません。しかしその数値の増加とともに，近年，多くの小学校や放課後児童クラブなどで，虐待を受けている子どものケースが問題になってきています。上記の事例も，顔に傷を負っていたことから父親の暴力が明らかになり，学校ではその女子および家庭との関わり方をどうすればよいのかについて苦慮しているという状況です。親からの虐待を受けている可能性が高い子どもは，表5-6 に示す「虐待を受けている子どもの特徴リスト」のいくつかが該当すると考えられます。

冒頭の事例の子どもも「友だちとの場面」に被虐待児の特徴がみられます。ところがこれらの該当項目は，ADHD児にもみられる特徴でもあると杉山(2007)は指摘しています。確かに学校場面で友だちとトラブルになり攻撃的態度にでたり，授業中，落ち着きがない様子はADHDの特徴です。しかし杉山はよくみると，表5-7 に示すように両者にはいくつかの違いがあるとしています。

◆学校の児童虐待への対応

もし，子どもの外傷や表5-6 の特徴リストから虐待がわかった場合，現場ではどのように対応したらよいでしょうか。

①子どもは虐待を受けていたとしても，自分からそれを先生に言おうとはしません。担任がそのサインに気づき，複数の先生そして学校全体で子どもの状態を把握する必要があります。

②学校の様子だけなく，家庭訪問をして家庭での様子を把握します。

③虐待があると判断した場合には，速やかに市町村の福祉事務所・児童相談担当窓口，または児童相談所へ通告，相談をしましょう。機関と学校が連携して必要な支援を行う必要があります。

④再発防止のために継続的な見守りと支援が必要です。

表5-6　虐待を疑われる子どもの特徴（京都府教育庁指導部学校教育課，2015より作成）

体や身なり・心の様子
顔や腕，足などにいくつもの傷やけが，やけどのあとがある。
体重や身長の伸びが悪いなど，発育不良が見られる。
給食をがつがつ食べるなど，食べ物への強い執着がある。
季節にそぐわない服装をしていたり，衣服が破れたり，汚れたりしている。
衣類を着替えるとき，異常な不安を見せる。
こわがる，おびえる，急に態度を変える。
表情が乏しく，受け答えが少ない。
警戒心が強く音や振動に過剰に反応し，手を挙げただけで顔や頭をかばう。
保護者との関わり方
保護者の前では硬くなり，極端に恐れている。
子どもと保護者の視線がほとんど合わない。
不自然に子どもが保護者に密着している。
保護者といるとおどおどし，落ちつきがない。
友だちとの関わり方
威圧的，攻撃的で乱暴な言葉遣いをする。
落ちつきがなく，過度に乱暴だったり，弱い者に暴力をふるったりする。
はげしいかんしゃくを起こしたり，かみついたりするなど攻撃的である。
友だち関係がうまくつくれない。
友だちに食べ物をねだることがよくある。
学習状況
理由のはっきりしない欠席・遅刻・早退が多い。
忘れ物が多い。
急激な学力低下をおこしている。
問題行動
下校時刻が過ぎても家に帰りたがらなかったり，家出を繰り返したりする。
金銭の持ち出しや万引きなどの問題行動を繰り返す。
小動物をいじめる。
年齢に不相応な性的な興味・関心をもっている。

表5-7　ADHD児との鑑別点（杉山，2007より作成）

項　目	被虐待児の特徴	ADHD児
臨床像	不注意優位型が多い	混合型が多い
多動の生じ方	ムラがある	比較的一日中多動
対人関係	トラブルが多い	単純で素直
非行への移行	非常に多い	比較的少ない
解離	注意して見れば非常に多い	見られない

55 ちょっと気になる子どもへの支援

［事例］ 小学校３年の男子。勉強面では板書を写すことが苦手で，音読をしても行を飛ばして読んでしまったり，繰り上がりの計算に間違いがめだつ。はさみを使った作業が苦手で不器用である。授業中は机をガタガタさせて落ち着きがなく先生の話を聞いていないことが多い。知能検査WISC－Ⅳの結果では，全体的指数は低くないが，処理速度が低い数値となっていた。

上記の事例の男子では，先生が黒板に書く漢字を見ながら自分のノートに写すことが苦手であったり，音読での読み飛ばしや繰り上がりの計算に誤答が多いという行動が問題になっています。さらに授業中も落ち着きがないことから，先生からは不注意な生徒だと評価され，国語や算数の成績評価は低くなっています。そして知能検査WISC-Ⅳにおいて処理速度を示す指標が顕著に低かったことから，学習障害と判断されています。特に本児は視覚に入ってきた情報を正確に処理する力が弱いと考えられます。

近年，本児のような特徴を示す学習障害のある子どもは，視覚機能の入力機能に関わる問題があることが明らかになってきています。眼球をスムーズに動かすことができないので音読の際に文字を読み飛ばしたり，眼球運動と手の動きがうまく協調できないことにより，計算するときに桁がずれてしまい間違いが多くなってしまうのです。昔からはさみを使うことが上手にできない子どもなどは，「不器用な子ども」とされてきました。しかし，本当は，眼球の運動に問題があるために本人は努力しているのにうまくはさみを使えないで困っている子どももいるのです。こうした視覚機能に問題を抱えている子どもを支援するのに，近年，ビジョントレーニングが有効であることがわかってきました。北出（2009）によれば，ビジョントレーニングは，眼球運動・視空間認知・ボディイメージを訓練するワークを組み合わせて１日10分から20分，継続して行うのが理想的であると述べています。楽しく遊び感覚で３カ月ぐらい取り組んでいくと効果が出てくるようです。例えばトレーニングの内容には，「迷路」や「点つなぎ」などがあります。

近年，小学校において発達障害児を支援する方法がいろいろと提案され始めています。発達障害を理解し支援するための書籍をあげますので，教育現場で活用していただけたらと思います。

発達障害を理解し支援するための参考書

発達障害とは何かを知るための本

本田秀夫（監修）(2015)．自閉症スペクトラムがよくわかる本　講談社
市川宏伸（監修）(2016)．発達障害キーワード＆キーポイント　金子書房
小野寺敦子（2012)．ゼロから教えて発達障害　かんき出版
尾崎康子・三宅篤子（編著）(2016)．知っておきたい発達障害の療育　ミネルヴァ書房
田中康雄（監修）(2014)．イラスト図解 発達障害の子どもの心と行動がわかる本 西東社
ハンディシリーズ発達障害支援・特別支援教育ナビ　柘植正義（監修）　金子書房
・市川宏伸（編著）(2014)．発達障害の「本当の理解」とは
・藤野　博（編著）(2016)．発達障害のある子の社会性とコミュニケーションの支援
・黒田美保（編著）(2015)．これからの発達障害のアセスメント
・本田秀夫（編著）(2016)．発達障害の早期発見・早期療育・親支援

5

具体的支援方法がわかる本

安部博志（2017)．発達障害の子のための「すごい道具」　小学館
秦野悦子・杉並区立こども発達センター（監修）(2013)．親子で楽しめる発達障がいのある子の感覚あそび・運動あそび　ナツメ社
本多和子（2012)．発達障害のある子どもの視覚認知トレーニング　学研プラス
木村順（監修）(2014)．「小学校で困ること」を減らす親子遊び10　小学館
北出勝也（2009)．学ぶことが大好きになるビジョントレーニング　図書文化社
宮口幸治（2016)．１日５分！　教室で使えるコグトレ　東洋館出版社
竹田契一（監修）村井敏宏・中尾和人（著）(2017)．読み書きが苦手な子どもへの〈漢字〉支援ワーク 教科書対応版 １年～６年　明治図書出版
ＮＰＯフトゥーロ・ＬＤ発達相談センターかながわ（編著）(2014)．ワーキングメモリーとコミュニケーションの基礎を育てる聞き取りワークシート１　かもがわ出版
日本版PRIM作成委員会（編）榊原洋一・佐藤曉（著）(2014)．発達障害のある子のサポートブック　学研プラス
笹田哲（2014)．書字指導アラカルト　中央法規出版

文献

Adler, A. (1932). *What life could mean to you.* London U.K. : Oneworld Publications（アドラー, A. 高尾 利数（訳）(1984). 人生の意味の心理学　春秋社）

明石要一・岩崎久美子・金藤ふゆ子・小林純子・土屋隆裕・錦織嘉子・結城光夫（2012). 児童の放課後活動の国際比較——ドイツ・イギリス・フランス・韓国・日本の最新事情　福村出版

青木直子（2005). 就学前後の子どもの「ほめ」の好みが動機づけに与える影響　発達心理学研究, 16, 237-246.

安藤寿康（2011). 遺伝マインド——遺伝子が織り成す行動と文化　有斐閣

Baddeley A. D. & Hitch, G. J. (1974). Working memory. In G. Bower (Ed.) *Psychology of learning and motivation Vol. 8*. New York: Academic Press. pp.47-90.

Baron-Cohen, S., Leslie, A. M., & Frith, U. (1985) . Does the autistic child have a "theory of mind"?　*Cognition*, 21, 37-46.

Baumrind, D. (1973). The development of instrumental competence through Socialization. In A.Pick (Ed.), *Minnesota Symposia on Child Psychology*, 7, 3-46.

Birleson, P., Hudson, I., Buchanan, D.G., & Wolff, S. (1987). Clinical evaluation of a self-rating scale for depressive disorder in childhood (Depression self-rating scale). *Journal of child psychology and psychiatry*, 28 (1), 43-60.

Block, J. & Kremen, A. M. (1996). IQ and egoresiliency : Conceptual and empirical connections and separateness. *Journal of Personality and Social Psychology*, 70 (2), 349–361.

ベネッセ教育総合研究所（2007). 世界6都市調査に見る「子どもたちの学び」——学習に関する意識・実態の背景を探る
〈http://berd.benesse.jp/berd/center/open/berd/backnumber/2007_11/6toshi_01.html〉

ベネッセ教育総合研究所（2014).「第二回放課後の生活時間調査」
〈http://berd.benesse.jp/shotouchutou/research/detail1.php?id=4700〉

Damon, W. & Hart, D. (1988). *Self-understanding in childhood and adolescence*. New York : Cambridge University Press.

David Wechsler　日本版 WISC-Ⅳ刊行委員会（日本版作成）(2010). WISC-Ⅳ　知能検査　実施・採点マニュアル　日本文化科学社

Deci, E. L,& Ryan, R. M. (1995). Human autonomy : The basis for true self-esteem. In M. H. Kernis (Ed), *Efficacy, agency, and self-esteem*. New York : Plenum. pp31-46.

傳田健三・賀古勇輝・佐々木幸哉・伊藤耕一・北川信樹・小山司（2004). 小・中学生の抑うつ状態に関する調査——Birleson 自己記入式抑うつ評価尺度（DSRS-C）を用いて　児童青年精神医学とその近接領域, 45 (5), 424-436.

独立行政法人国立青少年教育振興機構（2010）.「子どもの体験活動の実態に関する調査」
〈http://www.niye.go.jp/kenkyu_houkoku/contents/detail/i/62/〉

独立行政法人国立青少年教育振興機構（2013）.「子どもの読書活動の実態とその影響・効果に関する調査研究」報告書
〈http://www.niye.go.jp/kenkyu_houkoku/contents/detail/i/72/〉
独立行政法人国立青少年教育振興機構（2014）.「青少年の体験活動等に関する実態調査（平成24年度調査）」報告書
〈http://www.niye.go.jp/kenkyu_houkoku/contents/detail/i/84/〉
江村早紀・大久保智生（2012）. 小学校における児童の学級への適応感と学校生活との関連――小学生用学級適応感尺度の作成と学級別の検討　発達心理学研究, 23(3), 241-251
遠藤由美・吉川左紀子・三宮真智子（1991）. 親の叱りことばの表現に関する研究　教育心理学研究, 39(1), 85-91.
Erikson, E. H.（1963）. *Childhood and society*. New York : Norton.（original work published, 1950）（エリクソン, E. H.　仁科 弥生（訳）（1977）. 幼児期と社会 1　みすず書房）
Erikson, E. H.（1963）. *Childhood and society*. New York : Norton.（original work published, 1950）（エリクソン, E. H.　仁科 弥生（訳）（1980）. 幼児期と社会 2　みすず書房）
藤村宣之・子安増生（2005）. 児童期における経済学的理解の発達――貯蓄・購買行動と経済学的事象に関する推理　名古屋大学大学院教育発達科学研究科紀要. 心理発達科学, 52, 1-7.
藤野博（2013）. 発達障害における基礎研究と臨床への適用――自閉症スペクトラム障害と心の理論の視点から　発達心理学研究, 24(4), 429-438.
学研教育総合研究所（2010a）. 第2章「小学生の日常生活についての意識と実態」小学生白書 Web 版　2010年9月調査
〈http://www.gakken.co.jp/kyouikusouken/whitepaper/201009/chapter2/01.html〉
学研教育総合研究所（2010b）.「小学生の日常生活時間とその内実」小学生白書 Web 版　2010年9月調査
〈http://www.gakken.co.jp/kyouikusouken/whitepaper/201009/chapter2/04.html〉
Gosling, S. D., Rentfrow, P. J., & Swann, Jr. W. B.,（2003）. A very brief measure of the Big-Five personality domains. *Journal of Research in Personality*, 37, 504-528.
後藤紀子・矢澤久史・大澤香織（2009）. 小児・児童期における家庭の食事環境がその後の親子関係に及ぼす影響　東海学院大学紀要, 3, 119-124.
花田裕子・小西美智子（2003）. 母親の養育態度における潜在的虐待リスクスクリーニング質問紙の信頼性と妥当性の検討　広島大学保健学ジャーナル, 3(1), 55-62.
長谷川康男（2008）. 社会科教育の意義と可能性：小学校社会科ですべきこと・できること　社会科教育研究, 104, 23-34.
廣岡秀一・横矢祥代（2006）. 小学生・中学生・高校生の規範意識と関連する要因の分析　三重大学教育学部研究紀要, 57, 111-120.
法務省（2016）. 平成28年版犯罪白書――再犯の現状と対策のいま
日向野智子・小口孝司（2007）. 学級集団内地位とパーソナリティ特性からみた対面

5

苦手意識　実験社会心理学研究 , 46(2), 133-142.
市毛睦・大河原美以（2009）．親のよい子願望が子どもの自尊感情に与える影響――親への依存欲求・独立欲求に注目して　東京学芸大学紀要 . 総合教育科学系 , 60, 149-158.
飯野晴美（1994）．きょうだい関係スケール　明治学院論叢 , 541, 89-109.
猪原敬介・上田紋佳・塩谷京子・小山内秀和 ,（2015）．複数の読書量推定指標と語彙力・文章理解力との関係――日本人小学校児童への横断的調査による検討　教育心理学研究 , 63(3), 254-266.
伊藤正哉・小玉正博（2005）．自分らしくある感覚（本来感）と自尊感情が well-being に及ぼす影響の検討，教育心理学研究，53，74-85.
伊藤正哉・小玉正博（2006）．大学生の主体的な自己形成を支える自己感情の検討――本来感，自尊感情ならびにその随伴性に注目して，教育心理学研究，54，222-232.
伊東暁子・竹内美香・鈴木晶夫（2007）．幼少期の食事経験が青年期の食習慣および親子関係に及ぼす影響　健康心理学研究 , 20（1）, 21-31.
柏木恵子・東洋（1977）．日米の母親における幼児への発達期待及び就学前教育観　教育心理学研究 , 25(4), 34-45.
川島眞（2004）．子どもの叱り方について　尚美学園大学芸術情報学部紀要 , 3, 119-128.
警視庁少年育成課少年相談係（2015）．子供の携帯電話やインターネット利用について〈http://www.keishicho.metro.tokyo.jp/kurashi/higai/kodomo/survey_h26.html〉
キッズベースキャンプ「小１の壁とは？」〈http://www.kidsbasecamp.com/workingmother/01/index.html〉
北出勝也（2009）．学ぶことが大好きになるビジョントレーニング　図書文化社
厚生労働省（2016）. 平成 27 年度児童相談所での児童虐待相談対応件数（速報値）〈http://www.mhlw.go.jp/stf/houdou/0000132381.html〉
厚生労働省:総務課少子化総合対策室（2015）.「学童保育における待機児童数の推移」
都道府県別統計とランキングで見る県民性〈http://todo-ran.com〉
京都中央信用金庫（2015）．2015 年「お年玉アンケート」の結果について
京都府教育庁指導部学校教育課（2015）. 児童虐待の早期発見のために〈http://www1.kyoto-be.ne.jp/gakkyou/gyakutai/gyakutai.htm〉
三島浩路（2003）．学級内における児童の呼ばれ方と児童相互の関係に関する研究　教育心理学研究 , 51(2), 121-129.
水谷聡秀・雨宮俊彦（2015）．小中高時代のいじめ経験が大学生の自尊感情と Well-Being に与える影響　教育心理学研究 , 63(2), 102-110.
文部省（1999）. 学習障害児に対する指導について（報告）
文部科学省（2003）. 今後の特別支援教育の在り方について（最終報告）
文部科学省（2014a）.「平成 26 年度子供の学習費調査」〈http://www.mext.go.jp/b_menu/toukei/chousa03/gakushuuhi/kekka/k_

detail/1364721.htm〉
文部科学省（2014b）．「平成 26 年度全国体力・運動能力，運動習慣等調査」報告書
〈http://www.mext.go.jp/a_menu/sports/kodomo/zencyo/1353812.htm〉
文部科学省（2015a）．平成 26 年度公立学校教職員の人事行政状況
文部科学省（2015b）．「睡眠を中心とした生活習慣と子供の自立等との関係性に関する調査」の結果
〈http://www.mext.go.jp/a_menu/shougai/katei/1357460.htm〉
文部科学省（2016a）．「平成 27 年度通級による指導実施状況調査結果について」
〈http://www.mext.go.jp/a_menu/shotou/tokubetu/material__icsFiles/afieldfile/〉
文部科学省（2016b）．小学生用食育教材「たのしい食事つながる食育」
〈http://www.mext.go.jp/a_menu/shotou/eiyou/syokuseikatsu.htm〉
文部科学省（2017a）．小学校学習指導要領解説　国語編
〈http://www.mext.go.jp/component/a_menu/education/micro_detail/__icsFiles/afieldfile/2017/08/02/1387017_2_1.pdf〉
文部科学省（2017b）. 小学校学習指導要領解説　外国語活動編
〈http://www.mext.go.jp/component/a_menu/education/micro_detail/__icsFiles/afieldfile/2017/07/25/1387017_13_1.pdf〉
文部科学省（2017c）. 小学校学習指導要領解説　理科編
〈http://www.mext.go.jp/component/a_menu/education/micro_detail/__icsFiles/afieldfile/2017/06/27/1387017_5_1.pdf〉
文部科学省（2017d）．小学校学習指導要領解説　算数編
〈http://www.mext.go.jp/component/a_menu/education/micro_detail/__icsFiles/afieldfile/2017/07/25/1387017_4_1_1.pdf〉
〈http://www.mext.go.jp/component/a_menu/education/micro_detail/__icsFiles/afieldfile/2017/07/25/1387017_4_2.pdf〉
文部科学省（2017e）. 小学校学習指導要領解説　生活編
〈http://www.mext.go.jp/component/a_menu/education/micro_detail/__icsFiles/afieldfile/2017/07/25/1387017_6_1.pdf〉
文部科学省（2017f）．小学校学習指導要領解説　社会編
〈http://www.mext.go.jp/component/a_menu/education/micro_detail/__icsFiles/afieldfile/2017/07/25/1387017_3_1.pdf〉
文部科学省初等中等教育局児童生徒課（2015）．平成 26 年度「児童生徒の問題行動等生徒指導上の諸問題に関する調査」結果について
〈http://www.mext.go.jp/b_menu/houdou/27/09/1362012.htm〉
文部科学省初等中等教育局児童生徒課（2016）．平成 27 年度児童生徒の問題行動等生徒指導上の諸問題に関する調査
〈http://www.mext.go.jp/b_menu/houdou/28/10/1378692.htm〉
文部科学省初等中等教育局特別支援教育課（2014）．特別支援教育の対象の概念図（義務教育段階）
〈https://www.city.mishima.shizuoka.jp/media/15010020_pdf_201317_rad4AAD5.

pdf〉
文部科学省初等中等教育局特別支援教育課（2016）．平成 27 年度特別支援教育に関する調査
〈http://www.mext.go.jp/a_menu/shotou/tokubetu/material/1370505.htm〉
文部科学省初等中等教育局健康教育・食育課（2017）．平成 27 年度：学校給食実施状況等調査
〈http://www.mext.go.jp/b_menu/toukei/chousa05/kyuushoku/kekka/k_detail/1381230.htm〉
森俊之・谷出千代子・乙部貴幸・竹内惠子・高谷理恵子・中井昭夫（2011）．ブックスタート経験の有無が子どもの生活習慣や読書環境等に及ぼす影響　仁愛大学研究紀要．人間学部篇，10, 61-67.
森田洋司・清永賢二（1986）．いじめ――教室の病い　金子書房.
村上宣寛（2017）．小学生用主要５因子性格検査の手引き――実施法と結果の見方　筑摩書房
村瀬浩二・落合優（2007）．子どもの遊びを取り巻く環境とその促進要因――世代間を比較して　体育学研究，52(2), 187-200.
武蔵由佳（2014）．児童生徒の友人・仲間関係に対する欲求の検討　早稲田大学大学院教育学研究科紀要別冊，21(2)，83-92.
内閣府（2014）．「平成 25 年度 小学生・中学生の意識に関する調査」報告書
中島和子（編著）(2010)．マルチリンガル教育への招待――言語資源としての外国人・日本人年少者　ひつじ書房
中西信男・佐方哲彦（2001）．EPSI――エリクソン心理社会段階目録検査　上里一朗（監修）心理アセスメントハンドブック第２版　西村書店　pp. 365-376
成瀬祐子・冨田圭子・大谷貴美子（2008）．家庭の食事時間の楽しさが児童・生徒の自尊感情に及ぼす影響――小学 5, 6 年生と中学２年生を対象にして　日本食生活学会誌，19(2), 132-141.
日本青少年研究所（2011）．「高校生の心と体の健康に関する調査――日本・アメリカ・中国・韓国の比較」
日本スポーツ振興センター（2010）．平成 22 年度児童生徒の食生活実態調査概要
西川一二・雨宮俊彦（2015）．知的好奇心尺度の作成――拡散的好奇心と特殊的好奇心　教育心理学研究，63(4), 412-425.
大谷和大・中谷素之（2010）．中学生用自己価値の随伴性尺度の作成　パーソナリティ研究，18，233-236.
小野寺敦子（2009a）．手にとるように発達心理学がわかる本　かんき出版
小野寺敦子（2009b）．親子関係が青年の無気力感に与える影響――エゴ・レジリエンスが果たす機能　目白大学心理学研究，5, 9-21.
小野寺敦子（2012）．ゼロから教えて発達障害　かんき出版．
小野寺敦子（2015）．「エゴ・レジリエンス」でメゲない自分を作る本　一藝社.
小野寺敦子・河野理恵（2015）．大学生の食ライフスタイルと親子関係　日本発達心理学会第 26 回大会論文集，208

大宮俊恵・松田文子（1987）．児童の内発的動機づけに及ぼす教師の外的強化の効果　教育心理学研究，35（1），1-8.
大須賀恵子（2013）．小学生の体型と生活習慣との関連性　日本公衆衛生雑誌，60（3），128-137.
小塩真司・阿部晋吾・Cutrone Pino（2012）．日本語版 Ten Item Personality Inventory（TIPI-J）作成の試み　パーソナリティ研究，21（1），40-52.
Perner, J. & Wimmer, H.（1985）．"John thinks that Mary thinks that　…"：Attribution of second-order beliefs by 5- to 10-yearold children. *Journal of Experimental Child Psychology*, 39（3），437–471.
Piaget, J. & Inhelder, B.（1967）．*A Child's Conception of Space*（F. J. Langdon & J. L. Lunzer, Trans.）．New York：Norton（Original work published 1948）
佐伯怜香・新名康平・服部恭子・三浦佳世（2006）．児童期の感動体験が自己効力感・自己肯定意識に及ぼす影響　九州大学心理学研究，7, 181-192.
佐久間（保崎）路子・遠藤利彦・無藤隆（2000）．幼児期・児童期における自己理解の発達――内容的側面と評価的側面に着目して　発達心理学研究，11（3），176-187.
佐々木良輔（1998）．「思いやりの気持ち」に与える読書の影響　読書科学，42（2），47-59
Schaefer, E. S.（1965）．Children's reports of parental behavior : An inventory. *Child Development*, 36, 413-424．
セールス手帖社保険 FPS 研究所（2015）．ライフプランデータ集　2015 年版
総務省統計局（2017）．統計トピックス No.101　我が国のこどもの数――「こどもの日にちなんで」
〈http://www.stat.go.jp/data/sekai/0116.htm〉
菅原ますみ・八木下暁子・詫摩紀子・小泉智恵・瀬地山葉矢・菅原健介・北村俊則（2002）．夫婦関係と児童期の子どもの抑うつ傾向との関連――家族機能および両親の養育態度を媒介として　教育心理学研究，50（2），129-140.
杉山登志郎（2007）．発達障害の子どもたち　講談社
社会福祉法人恩賜財団母子愛育会愛育研究所（編）（2016）．日本子ども資料年鑑 2016　KTC 中央出版
Symonds, P. M.（1937）．Some basic concepts in parent-child relationships. *American Journal of Psychology*, 50, 195-206.
東京都教育委員会（2011）．「平成 22 年度　小 1 問題・中 1 ギャップの実態調査について」　教育庁報 No.578
〈http://www.kyoiku.metro.tokyo.jp/buka/soumu/choho/575/page5.htm〉
東京都教育委員会（2011）．東京都教職員研修センター紀要第 10 号自尊感情や自己肯定感に関する研究（第 3 年次）
〈http://www.kyoiku-kensyu.metro.tokyo.jp/09seika/reports/bulletin/h22.html〉
東京都生活文化局（2011）．平成 23 年度第 2 回　インターネット都政モニターアンケート「東京の子供たちの豊かな心の育成に関するアンケート調査」
高木亮・田中宏二（2003）．教師の職業ストレッサーに関する研究――教師の職業ス

5

トレッサーとバーンアウトの関係を中心に．教育心理学研究，51(2)，165-174.
高橋登（2001）．学童期における読解能力の発達過程――1－5年生の縦断的な分析　教育心理学研究，49(1)，1-10.
Takahashi, K. & Hatano, G. (1994). Understanding of the banking business in Japan：Is economic prosperity accompanied by economic literacy? *British Journal of Developmental Psychology*, 12, 585-590.
高崎文子(2002)．乳幼児期の達成動機づけ――社会的承認の影響について　ソーシャル・モチベーション研究，1，1-30.
滝充（1992）．"いじめ"行為の発生要因に関する実証的研究――質問紙法による追跡調査データを用いた諸仮説の整理と検証　教育社会学研究，50，366-388.
滝吉美知香・田中真理（2009）．思春期・青年期における自己理解――自己理解モデルを用いて　東北大学大学院教育学研究科研究年報，57(2)，299-319
田中瑛津子（2015）．理科に対する興味の分類――意味理解方略と学習行動との関連に着目して　教育心理学研究，63(1)，23-36.
谷井淳一・藤原恵美（2001）．小・中学生用自然体験効果測定尺度の開発　野外教育研究，5(1)，39-47.
内田利広・藤森崇志（2007）．家族関係と児童の抑うつ・不安感に関する研究――子どもの認知する家族関係　京都教育大学紀要，110，93-110.
内海しょか（2010）．中学生のネットいじめ，いじめられ体験――親の統制に対する子どもの認知，および関係性攻撃との関連　教育心理学研究，58(1)，12-22.
渡部玲二郎・佐久間達也（1998）．児童の算数不安の構造及びそれに対する教師のサポートについて――ソーシャル・サポートの観点からの検討　教育心理学研究，46(2)，184-192.
渡辺忠温（2016）．質問紙調査結果　高橋登・山本登志哉（編）子どもとお金――おこづかいの文化発達心理学　東京大学出版会　pp.309-318
山田洋平・小泉令三・中山和彦・宮原紀子（2003）．小中学生用規範行動自己評定尺度の開発と規範行動の発達的変化．教育心理学研究，61(4)，387-397.
山本登志哉（2016）．おこづかい研究と差の文化心理学　高橋登・山本登志哉（編）子どもとお金――おこづかいの文化発達心理学　東京大学出版会　pp.243-289
依田明（1967）．ひとりっ子・すえっ子　大日本図書
横山正幸（2010）．子どもの自尊感情と体験の関係について　生活体験学習研究，10，53-62.
湯澤正通・湯澤美紀（2017）．ワーキングメモリを生かす効果的な学習支援――学習困難な子どもの指導方法がわかる（学研のヒューマンケアブックス）　学研プラス

著者紹介

小野寺敦子（おのでら・あつこ）

東京都生まれ。1984年、東京都立大学大学院人文科学研究科心理学専攻博士課程修了。心理学博士。現在、目白大学人間学部心理カウンセリング学科教授。

〔主な著書〕『エゴレジリエンスでメゲない自分をつくる本』（一藝社），『親と子の生涯発達心理学』（勁草書房），『手にとるように発達心理学がわかる本』（かんき出版），『ゼロから教えて発達障害』（かんき出版）他

イラスト　エダりつこ

小学生のことがまるごとわかるキーワード55
小学生ってどんな時期？　どうかかわればいい？

2018年２月20日　初版第１刷発行
2020年12月25日　初版第３刷発行

検印省略

著　　者　小野寺　敦　子
発 行 者　金　子　紀　子
発 行 所　株式会社 金　子　書　房

〒112-0012　東京都文京区大塚３－３－７
電 話 03-3941-0111(代)
FAX 03-3941-0163
振 替 00180-9-103376
URL　https://www.kanekoshobo.co.jp

印刷＝藤原印刷株式会社
製本＝一色製本株式会社

ISBN 978-4-7608-2664-3 C3011

Printed in Japan